보험사기 대응정책

나성수 지음

유원북스

서 문

강도살인은 대부분 신속히 검거되지만, 보험금을 노린 가족살해사건은 장기간의 계획하에 고의를 과실 뒤에 숨기므로 보험범죄는 처음부터 수사대상에서 제외되어 억울한 죽음이 있을 수 있고, 수사를 시작하더라도 고의의 입증과 처벌이 쉽지 않아 비슷한 수법이 반복되는 경향이 있다. 보험사기는 개인의 행태, 도덕적 해이, 경제적인 궁박, 법제도 및 의료환경 등 사회문화적 요소, 보험상품을 악용할 수 있는 빌미를 제공한 보험사, 수사 및 처벌, 사후관리, 사회적 관심 등 다양한 요인들이 영향을 미친다. 보험사기범은 직접행위자로서 책임은 당연하나, 보험사기에 취약한 상품을 경쟁적으로 판매한 보험사나 우월한 권한과 재량으로 보험사기에 직·간접적으로 관여하는 의사 등 전문직 종사자의 책임도 작지 않다. 그간의 대응은 주로 적발이 용이하고 성과가 쉽게 도출되는 사회적 약자를 대상으로 수사가 집중되고, 고의의 입증이 어려운 전문직이나 비정형적 형태의 보험사기는 수사의 대상으로 선정하는 단계부터 제외되는 경향이 있었다. 전문직도 양태에 따라 보험사기에 적극적인 기획과 참여, 기회에 따라 가담, 방관 등 다양한 형태로 관여하고 평범한 일반인을 보험사기에 끌어들여 이익을 취하므로 예외 없는 처벌이 필요하다.

현행법상 보험사는 보험사기의 주체는 될 수 없으나 보험사기의 빌미를 제공하고, 조사나 수사의뢰의 남용 등과 관련된 각종 부작용이 있으므로 엄격한 관리와 감독이 필요함은 물론이다.

우리나라의 보험사기 대응은 사후적발에 중점을 두고 주로 단속과 수사, 처벌 등 강제적인 수단을 활용한다. 적발과 처벌은 즉각적인 주의와 각성, 신속한 효과로 보험사기를 억제하는 긍정적인 면이 있으나, 일단 보험사기가 발생하면 조사 및 처벌, 소송, 환수, 사후관리 등의 비용이 대폭 증가하므로 고비용이 소요된다. 반면에, 단속이나 처벌 등 강제적인 수단은 보험사기의 대응에 비효율적인 분야가 있고, 필수적인 의료서비스의 공급을 위축시켜 의료의 질을 떨어뜨릴 수 있는 위험성, 치료받을 수 있는 권리의 침해 등 부작용도 비교적 명확하므로, 비용절감과 형사 및 의료정책적인 면에서도 다양한 대응수단이 필요하다. 일반적으로 선진각국에서 유용성이 확인되어 핵심적인 대응수단으로 활용하는 교육·홍보를 통한 행태변화, 신고센터의 운영 강화, 시민참여 등 임의적인 대응수단을 고려할 필요가 있다.

지금까지, 보험사기에 대한 체계적인 대응의 필요성은 꾸준히 제기되었으나, 문제에 대한 진단과정과 종합대책이 미흡하여 비슷한 수법의 보험사기는 반복되고, 오히려 피해가 더 심각해지는 양상이다. 우리보다 먼저 심각한 보험사기를 경험한 미국 및 영국의 대응시스템과 '90년대 이후 심각한 보험사기를 해결하기 위하여 다양한 이해관계자로 TF를 구성하여 문제점을 체계적으로 진단하고 대안을 꾸준히 실행한 영국의 사례는 우리에게 참고할 만한 내용이 많아 자세히 소개하였다. 아울러, 선진국에서 일반적으로 널리 활용하고 있는 탐정(private investigator), 특별사법경찰, 보험사의 보험사기 특별조사팀(special investigation unit: SIU)은 국가나 수사기관의 부담을 늘리지 않으면서도, 보험사기의 대응에 활용할 수 있는 대안으로 가능성이 있다고 보고 구체적인 운영사례와 도입의 필요성을 기술하였다.

여기서 제시된 내용은 보험사기 대응과 관련된 업무를 하면서 느꼈던 개인적인 경험이나 시각을 반영한 것도 있지만, 주로 보험사기의 대응에 참고할 만한 선진정책과 사례, 관점을 정리하여, 보험사기의 대응에 대한 의사결정권자 또는 조사나 수사를 담당하는 분들에게 도움이 될 만한 내용전달에 중점을 두었다. 보험사기는 우리가 생각하던 것보다도 더 심각하다는 문제의식과 대안으로 "저런 방안도 생각해 볼 수 있겠구나" 하는 정도, 그리고 보험사기의 대응에는 감독당국, 정부 및 수사기관, 공영·민영보험, 의료기관, 개인 등 모두의 관심이 필요하다는 점을 강조하는 것으로 이해 바랍니다.

2024. 2.

나 성수

차 례

제1장 | 심각한 보험사기

1. 형사정책적 심각성 ······ 13
2. 재정적 심각성 ······ 18
3. 실손보험사기 ······ 24
4. 사무장병원 ······ 34
5. 해외 보험사기 ······ 40

제2장 | 보험사기와 환경

1. 디지털화(Digitalization)와 보험사기 ······ 49
2. 법원의 엄격성 강화 ······ 55
3. 심평원의 입원적정성 심사 ······ 60
4. 보험사기 피해자의 구제 ······ 63
5. 경미사고와 마디모(Mathematical Dynamic Modelling) ······ 66

제3장 | 보험사기의 수사

1. 보험사기 수사의 특성 ······ 73
2. 수사환경의 변화 ······ 79
3. 수사의 의뢰방식 ······ 83
4. 수사경찰관 설문조사 ······ 87

5. 보험사기 수사와 탐정(PI) 91
6. 특사경의 도입 99

제4장 | 보험사기와 협업

1. 협업의 필요성 107
2. 협업의 제약요인 113
3. 협업의 모범사례 119
4. 수사기관과 협력채널의 정비 123
5. 보험사기와 포렌식 127

제5장 | 미국, 영국의 대응 시스템

제1절 미 국 135
1. 일반 개요 135
2. 州정부의 대응체계 138
3. 연방정부의 방지체계 148
4. 조사 및 지원기구 150
5. 보험사의 조사조직(SIU: Special Investigation Unit) 158
6. 조사와 관련된 문제들(Issues) 163
7. 탐정(PI)과 보험사기 167

제2절 영 국 175
1. 일반 개요 175
2. 대응기구 180

3. 탐정(PI)과 보험사기 ··· 188

제3절 영국의 보험범죄 방지 TF(IFTF, 2015) ··· 192
1. 문제의 인식과 진단 ··· 192
2. 방지활동의 평가 ··· 200
3. TF 권고안 ··· 206

제4절 미국·영국의 시사점 ··· 212
1. 개 요 ··· 212
2. 시사점 ··· 214

제6장 | 대응정책

1. 보험범죄의 특성과 대응환경 ··· 223
2. 대응전략과 수단 ··· 229
3. 처벌강화의 전제조건 ··· 238
4. 보험사기방지특별법의 보완 ··· 242
5. 실손보험사기의 대응 ··· 247

제 1 장

심각한 보험사기

1. 형사정책적 심각성
2. 재정적 심각성
3. 실손보험사기
4. 사무장병원
5. 해외 보험사기

1. 형사정책적 심각성

보험금은 보험사고를 전제로 지급하므로, 생명보험, 손해보험, 자동차보험, 해양선박보험 등 모든 종목에서 보험사기가 발생한다. 보험금을 노린 가족 살인사건 등은 충동적이거나 우발적인 범죄가 아니며, 보험사고를 조작하고 고의범죄를 과실 뒤에 숨기기 위해서 치밀한 사전계획이 필요하다. 대부분의 일반범죄는 피해가 발생하면 즉각적인 신고로 신속한 대응이 이루어지지만 보험사기는 비슷한 수법을 수회 반복할 때 비로소 의심을 두고 조사를 시작하므로, 피해가 반복적이고 광범위하다. 보험사기는 주로 과실 또는 사고를 위장하므로 초기에 교통사고, 단순변사, 사고사, 방화가능성 없는 단순누전 등으로 처리되는 경우가 많고, 신속한 사체소각 또는 현장의 소실 등으로 억울하게 죽음이 은폐되기 쉽다. 실제로도 최초에는 사고의 원인을 밝히지 못해 내사종결, 혐의없음 등으로 마무리되었으나, 추후 유가족 또는 관련자의 제보로 재조사가 시작되어 보험사기로 확인되는 경우가 많다. 최근에 발생한 '이○○계곡살인' 사건도 최초에는 사고사로 내사종결을 하였으나, 언론보도 후에 본격적으로 수사를 개시하여 최종적으로 보험금을 노린 살인으로 확인되어 유죄가 확정되었다.

최근 금감원이 분석한 고액 보험사기 사건의 주요 특징은[1] 가족을 대상으로 고액·다수의 보험을 가입한 후 약물이나 흉기를 이용한 살인 또는 재해나 교통사고로 위장하는 수법이 많고, 보험사기범과 피해자는 배우자(44.1%), 부모(11.8%) 등 가족관계(61.8%)가 많았다. 이런 특징은 금감원의 '주요사망사건의 보험계약 분석결과'[2]에서도 거듭 확인되는데, 사망원인은 교통사고를 위장한 고의사고(30%), 약물·흉기를 이용한 살인(26.6%), 허위실종(23.4%) 순으로, 여기서도 혐의자는 가족관계가 많고(83.4%) 가족관계 중에서도 배우자의 비중(40%)이 가장 높았다.

가족이 청부업자와 공모하여, 휴일야간에 보험금이 더 많이 지급되는 무보험 뺑소니 특약으로 휴일야간에 뺑소니 교통사망사고를 가장하여 남편을 살해하거나,[3] 정액으로 지급되는 운전자보험을 중복 가입하고, 상대적으로 형사합의금(공탁금)이 적게 드는 폐지를 줍는 노인, 교회가는 노인, 청소부, 고령농부를 물색하여, 고의로 충격하여 살해한 후 범죄사실을 순순히 시인하는 수법으로 보험금과 합의금의 차액을 챙기는 사례도 있다. 추후에

---

1) '12년~'21년(10년간) 보험사기로 판결이 확정된 고액(1억원 이상)의 사망보험금과 관련된 사건(31건)을 분석하였다('22.8.30, 금감원 보도자료).

2) 사망 및 허위실종사고와 관련된 '11~'15년간 보험계약(204건)의 분석결과('15.12.17, 금감원 보도자료).

3) '03년 발생한 사건을 '16년 공범의 지인이 금감원에 제보하여, 경찰과 공조수사로 적발하였다.

검거된 연쇄살인범은 이미 교통사고(교특법)로 처벌되어 일사부재리의 원칙으로 살인죄의 적용을 할 수 없었다. 강○○ 방화살인사건은 처음 '99.5~'00.10월간은 트럭화재(2,800만원), 트럭도난(5,790만원), 식당화재(3,800만원), 차량전복(7,380만원) 등 자동차와 관련된 보험사기로 시작하여, '05년에 처·장모 방화살인으로 보험금 4억 8천만원을 편취하고, 이후 '06.9~'08.12월간 여성 8명을 납치한 연쇄살인으로 이어졌다. 강력범죄와 관련된 보험사기는 대부분 중복보험·과다보험의 가입과 관계가 있으므로, 단일담보 또는 전체 합산담보의 기준초과, 일정금액 이상의 월납입 보험료의 부담, 수입에 비하여 과도한 보험료의 부담 등에 대한 엄격한 관리가 필요하다.

최근 빈발하는 가피(가해자-피해자) 공모, 법규위반차량을 대상으로 한 고의교통사고는 직접적으로 교통안전을 위협하고, 비슷한 수법을 반복하여 다수의 피해자가 발생한다. '12~'18년간 중앙선 침범 등 법규위반차량을 대상으로 고의 충돌하여 156건의 고의사고를 유발한 ○○가족 보험사기단은 최초의 범행 이후, 갈수록 수법이 대담해지고 범행의 주기가 점점 짧아지는 경향을 보였다. 사건의 실질은 교통사고를 위장한 보험사기건인데도, 고의사고의 의심을 주장하더라도 경찰은 초기에 보험가입 여부 등 보험사기의 가능성을 판단할 수 있는 기초자료가 없으므로, 현실에서는 법규위반으로 사고원인을 제공한 교통사고의 가해자로 형사처벌과 행정처분,[4] 보험료할증 등의 불이익을 받는다. 추후에 보험사기임이 밝혀지면 억울한 피해자에 대한 구제와 새로 밝혀진 보험사기범에 대한 처벌 등 사후조치가 필요하나, 현실에서는 적정한 구제절차가 없고 장기간이 경과하여 구제의 실익이 없는 경우가 대부분이므로, 자동차 보험사기 피해자에 대한 보험료할증의 취소 외에는 실질적인 구제가 이루어지지 않는다.[5] 새로 밝혀진 보험사기범과 관련자(공동정범, 교사범, 방조범 등)에 대해서도 고의교통사고에 대한 형사책임과 면허취소 등이 필요하나, 엄격한 적용은 어려운 실정이다.[6]

최근 일반화된 공유차량은 타인 이름으로 대차하여 사고처리의 이력이 남지 않으므로 보험사기에 이용되기 쉽고, 제3자가 운전하거나 음주, 무면허운전과 관련된 사고로 보험처리를 위하여 운전자 바꿔치기를 할 수 있는 유인이 높다. SNS로 경제적으로 곤궁한 젊은이를 조직적으로 모집하여 상호간에 역할을 분담하고 렌터카, 공유차량 등을 이용하여 고의사고를 유발하는 유형의 보험사기는 본격적으로 보험사기를 시작하는 주요 계기가 되고, 운전자가 바뀐 경우에는 잘못된 대상으로 한 형사처벌, 면허처분, 벌점관리, 결격기간의 부여, 교통안전교육의 부과, 보험

4) 교통벌점의 부과, 면허정지 및 취소, 교통안전교육의 이수, 결격기간 등.

5) 금감원은 '09년 할증보험료 환급제도를 도입하여, '06.7~'21.12월간 1만 4천여명에게 62억원을 환급하였다.

6) 해당 문제는 제2장 '보험사기 피해자의 구제"에서 사세히 언급한다.

료할증 등 형사·사법 및 행정절차의 전반을 왜곡하게 되므로, 형사정책적인 차원에서도 적극적인 대책마련이 필요하다. 최근 음주운전 및 무면허에 대한 형사처벌, 면책요건이 더욱 강화되는 추세여서 운전자 바꿔치기 등과 관련된 보험사기의 유인은 더욱 높아질 수 있다.

과거 목격자가 없는 곳에서 손목치기 수법 등 유형의 보험사기는 CCTV나 자동차의 블랙박스가 일반화됨에 따라 대폭 감소하고, 최근에는 일상배상책임보험과 관련된 사기가 증가하고 있다. 일상배상책임보험은 보험료가 싸고 일상생활 중 발생되는 거의 모든 사고를 담보하고, 목격자가 없는 자택 등에서의 사고 내용을 쉽게 조작할 수 있다. 본인의 집에서 청소 중 실수로 부서진 TV를 친구의 실수로 위장하여 친구의 일배책(일상배상책임)으로 보험금을 청구하거나, 음식점 아르바이트 중 사고는 영업배상책임보험의 담보에 해당하지 않고 산재보험으로는 처리가 번거로워 일상생활 중 다친 것으로 조작하여 본인의 일배책으로 보험금을 청구한다. 폭행으로 골절상을 가하고도 피해자와 공모하여 사고발생 경위를 본인이 넘어지며 피해자에게 상해를 입힌 것으로 허위로 기재하는 등 가해자와 피해자가 공모하거나 장기간 경과 후에 보험금을 청구하면 입증이 어려운 점을 악용한다.

마약 자금을 조달하거나 조직범죄 또는 가출청소년의 수입원으로 보험사기가 이용되는 사례도 있다. 대마, 필로폰, 펜타닐 등 마약의 구매자금을 마련하기 위하여 렌터카, 공유차량을 이용하여 고의사고를 유발하고, 강남 일대에서 조폭과 콜뛰기 기사,[7] 보험사직원, 병원장, 자동차 공업사가 공모하여 진로변경차량, 법규위반차량 등을 대상으로 한 고의사고, 또는 조직폭력배가 보험설계사와 공모하여 백내장 수술을 받게 한 후 보험금으로 도박 빚을 받거나, 조폭이 브로커 및 병원과 공모하여 여유증(여성형유방증), 다한증(액취증)의 치료를 빙자한 허위수술로 보험금을 편취하여 조직폭력배의 자금원으로 사용하였다. 가출청소년이 채팅앱으로 만난 남성의 음주운전을 유도하여 고의교통사고를 유발하여 수입원으로 사용하는 등 보험사기의 수단으로 타범죄를 이용한다.

2. 재정적 심각성

보험사기는 경제적 이득을 주요목적으로 하는 경제범죄로, 우리나라의 '22년 보험사기 적발금액은 1조 818억원, 적발인원은 102,679명으로,[8] 역대 최고로 매년 증가하는 추세이다. 민영·공영보험(국민건강보험)의 피해액 추계에 관한 연구는 민영보험

---

7) 자가용으로 유흥업소 여성을 태우는 유상운송행위는 불법행위이다.

8) 금융감독원이 매년 발표하는 적발금액은 수사기관과 보험사가 적발한 금액을 합한 것이다.

의 사기금액을 7조 3,574억원,[9] 민영보험사기와 연계된 건강보험의 누수액을 7,003억~1조 2,062억원으로 추정하였다.[10] 이와 같은 보험사기의 적발금액 및 규모는 수사기관이나 보험사에 의하여 적발되거나, 법원이 보험사기로 확정한 내용을 기초로 추정한 것이다. 보험사기는 암수범죄의 속성이 있어 적발이 어려운 연성사기의 비중이 높고, 現 보험사기 적발시스템(fraud detection system: FDS)의 탐지기술상 한계, 조사 또는 수사대상에서 처음부터 제외되는 경향이 있는 전문직, 선진각국에서 통상적으로 보험사기로 추정하는 금액의 비율 등 제반의 사정을 고려하면, 피해규모는 훨씬 클 것으로 추정된다.

現 보험사기의 분석 및 적발시스템은 주로 개인 중심의 단편적·과거지향적인 분석지표(indicator)를 사용하고, 보험금의 반복청구 등으로 보험사의 내부기준을 넘어 경보(red flag)가 있을 때 비로소 의심을 두고 대응하므로, 횟수나 금액이 내부기준에 이르지 못하거나 활용가능한 데이터의 축적이 충분하지 못한 신종·변종사기, 비정형적 사기, 조직적인 사기, 여러 보험사와 관련된 보험사기의 탐지에는 한계가 있다. 보험사기의 주요 적발대상은 고의성이 나타나는 경성사기(premeditated fraud)로, 연성사

9) 서울대·보험연구원(2020).

10) 공사보험 재정 누수규모 산출 및 제도 개선방안 연구(보험연구원, 서울대학교 산학협력단, '19.12월).

기(opportunistic fraud)는 고의가 잘 드러나지 않아 수사를 통한 적발이 어려운 분야이다. 적발시스템(FDS)을 고도화하여 양질의 데이터를 활용한 연계분석도 고의사고 등 자동차보험 분야에서는 비교적 유용하나, 연성사기의 속성이 있는 생명·장기손해보험에서는 상대적으로 활용이 제한된다. 가피공모 등 자동차와 관련된 보험사기는 연계분석과 사고 횟수, 지급보험금 등의 데이터를 종합하면 어느 정도 혐의 유추가 가능하나, 생명·장기손해보험은 환자 및 질병의 특성, 치료방법 등 고려할 변수가 많아 입원일수, 치료비의 지급내역 등의 데이터만으로는 혐의특정이 어려워, 분석기법의 적용에 한계가 있다.

보험사기는 의료인, 보험설계사, 자동차정비업자 등 관련된 전문종사자(enabler)의 직·간접적인 개입 또는 묵인 없이는 어려운 범죄로, 의사나 자동차정비업자 등이 전문지식을 악용하여 보험사기에 관여한다. 전문직이 관련된 보험사기는 권한과 넓은 재량 범위로 고의입증이 어려워, 처음부터 조사나 수사대상에서 제외되는 경향이 강하다. 사기성 과잉진료나 의사의 권한남용(abusive), 의료자원의 낭비(waste)와 같이 보험사기와의 구분이 모호하거나,[11] 사기와 경계선상에 있는 영역은 수사가 어려워, 현실에서도 전문직이 관련된 조직적·계획적인 복잡한 보험사기

11) 진료내용의 과장, 1회로 충분한 진료를 수회 방문하도록 유도, 입원이 필요 없는 증상의 입원치료, 형식적인 1분 진료 등.

보다는 쉽게 성과가 도출되는 개인에게 수사가 집중된다.[12)]

보험사기는 민영보험에는 보험금을, 건강보험공단·근로복지공단 등에는 요양급여비용을 동시에 발생시키나, 민영·공영보험 간에 연계조사는 거의 이루어지지 않아 단편적인 적발에 그쳐, 전체적인 규모파악이 어렵고 누락률이 높아 피해규모가 과소평가된다. 건강보험 등 공영보험은 보험사기행위 외에도 자체심사로 기준위반, 부당청구, 남용 등 부당한 청구를 억제하여 누수를 막는다는 '누수액' 개념을 사용하므로 범죄행위로 처벌되는 보험사기의 적발금액과는 차이가 나게 된다.

통상, 보험사기는 보험사기방지특별법상의 보험사기죄와 형법상의 사기죄로 처벌하는데, 특별법상 보험사기행위는 보험사고를 전제한 보험금사기로 제한하므로 적용대상이 좁다. 확정된 보험사기를 기초로 적발금액을 평가하기 위해서는 특별법 위반과 형법상 일반사기로 처벌된 보험사기건에 대한 구체적인 분석이 필요하다. 형법상 사기로 처벌된 보험사기는 판결문을 일일이 분석하지 않으면 보험사기건에 해당하는지 구분조차도 어렵고, 최종적으로 유죄판결을 받은 비율이 낮아 보험사기의 실태를 반영하기에는 한계가 있다. 보험사의 적발금액에는 보험사가

---

12) '22년도 보험사기적발 통계상 보험설계사, 의료인, 자동차정비업자 등 전문종사자의 비중은 4.3%이다.

수사의뢰 전 또는 수사진행 중에 합의한 非수사건을 포함한다. 非수사건은 보험사가 보험금의 지급심사단계에서 보험사기 혐의를 적발하여 자체거부(면책)하거나, 조사과정에서 자진반납 등으로 종결되어 형사처벌에서 제외된 건도 있으나, 번거로움 또는 보험사의 압박으로 합의에 이른 것도 있으므로, 보험사기로 확정된 건이 아님에도 적발금액에 포함되게 된다. 생보업계의 非수사건은 대부분 알릴 의무 위반, 약관상 면책처리가 가능한 건으로 구성되어 있으나, 손보업계는 주로 상대방과 합의하여 지급건을 종결하므로, 비수사건의 비중이 크다.[13)]

선진각국의 보험사기 규모는 일반적으로 보험사기로 인한 비용(cost) 및 손실금액(loss)을 산출하고 사고로 인한 지급보험금의 약 10% 내외를 보험사기와 관련된 금액으로 추정하고, 보험사기로 인한 보험료의 상승을 주요 이슈(issue)로 논의하고 홍보한다. 유럽 보험자연합회(Insurance Europe)는 총지급보험금의 10% 내외를 보험사기로 인한 손실금액(insurance fraud cost)으로 추정한다. 모든 보험종목을 포함하면 미국, 독일, 호주는 10%, 캐나다는 10~15%, 영국은 7%로 추정하고, 자동차(motor)와 같은 특정종목의 손실금액은 미국 11~15%, 스페인 22% 정도로 추정한다. 감독체계가 빈약한 아프리카, 남아메리카, 몇몇 아시

---

13) '16년, 전체 비수사건의 적발금액은 생보업계가 337억원(6.5%), 손보업계가 4,786억원(93.5%) 규모이다.

아 국가는 훨씬 높을 것으로 보고 있다.[14] 미국보험정보원(Insurance Information Institute)은 '11~'15년간 지급된 손해보험금(property-casualty insurance)의 10%를, 미국연방회계감사국(GAO)은 공영보험 부문(medicare)에서 7불당 1불(14.2%)을 보험사기로 인한 피해금액으로 추정하였다.

통상적으로, 코로나 등 경제위기로 인한 실업증가, 비대면 업무처리의 증가 등 특수한 상황에서는 현장조사가 곤란하므로, 고의교통사고, 자동차 절도, 가정내 허위사고, 비용 부풀리기 유형 등 전체적으로 보험사기가 급증한다. 미국 보험사기의 탐지 및 솔루션(solution) 제공업체인 프리스 설문조사(Friss survey, 2020)는 팬데믹(pandemic) 기간 중 보험사기 의심건에 대하여 전미 SIU협회(IASIU)의 현장조사관, 수사기관 등 응답자군에 따라서 전체청구건의 18%~22%로, 팬데믹 전의 2배 수준으로 평가하였다.[15] '21년, 우리나라의 전체 민영 지급보험금 167조 7,356억원 중 사고로 인한 지급보험금은 62조 4,923억원으로, 서울대·보험연구원 연구용역 결과('18년) 보험사기 추정액인 6조 1,512억원을 대입하면 사고로 인한 지급보험금의 9.8% 정도이다.[16] 팬

---

14) Insurance fraud detection and cost to industry(Atlas Magazine, 2017.5)

15) 프리스(Friss)는 보험사기방지 솔루션을 제공하는 민간회사로 신뢰성에 의문이 있을 수 있다.

16) '21년 기준, 전체 지급보험금을 기준으로 산정하면 약 3.7%다.

데믹으로 인한 특수상황에서의 프리스(Friss)의 설문조사 결과를 대입하여 추정해 본다면, 우리나라의 한해 보험사기로 인한 피해금액은 13조원에 이를 수도 있다. 매년, 적발금액은 1조원 내외로 이 중 일부 환수금액을[17] 제외한 대부분의 금액이 선량한 가입자에게 전가된다. 보험사기로 인한 피해범위를 직접적인 보험료의 상승뿐만 아니라, 사고처리비용, 의료비용, 행정비용, 수사비용, 법원의 재판비용, 신용비용[18] 등을 포함한 사회적 비용으로 넓게 본다면 피해가 막대한 우선해결이 필요한 시급한 현안이다.

3. 실손보험사기

실손보험은 국민건강보험과 보장범위를 연계하여 건강보험이 보장하지 않는 의료비를 보장하는 보완형 민영보험상품으로, 실제 부담한 의료비(급여부분 중 본인부담금과 비급여)의 80~90%를 보장한다. 실손보험은 의료비 경감 필요성, 고급 의료서비스 수요 증가 등으로 현재 가입자 수가 약 4,000만 명에 이르고, 향후 급격한 고령화를 감안하면 제2의 건강보험으로 불릴 정도로

17) '17~'22.8월간 적발금액 총 4조 9,405억원 중 환수율은 손보사가 평균 15.2%, 생보사가 17.1%이다('22년 국정감사자료).

18) 가게, 골목에 CCTV 설치 등 증명을 위하여 소요되는 제반 비용 등.

사적 안전망으로서 중요하다.

그러나, 획일적·포괄적인 보장으로 과잉진료 및 의료쇼핑을 유발하는 상품구조와 실손의료보험의 주된 보장영역인 비급여 의료비에 대한 관리의 부재는 의료과잉을 유발한다. 최근 실손보험금 지급규모가 증가하여[19] 손해율이 높아지자 일부 보험사(특히 소형보험사)는 실손보험의 판매를 중단하였고, 보험사가 지급심사를 강화함에 따라 소비자와 보험사 간 실손보험 분쟁이 급증하고 있다.[20] 실손보험사기로 환자는 민영보험사에 실손보험금을, 병원은 국민건강보험공단에 요양급여비용를 청구하므로, 실손보험의 존립기반을 위협할 뿐만 아니라, 공영보험(국민건강보험)의 동반 누수를 초래한다. 실손의료보험 가입이 의료비에 미치는 영향(한양대 김관옥·신영전, '16)에 관한 연구는 건강보험공단이 비교대상기간에 실손의료보험의 가입자에게 지출한 금액은 未가입자보다 약 3.5배, 총의료비도 약 4배가 높은 수준으로 분석하였다.

현재 판매되는 실손보험은 특정 개인의 진료량이 많아 보험금을 많이 받으면 해당 개인이 더 많은 보험료를 부담하도록 하여

19) 손보 15社 지급규모는 9조 4,816억원('20년) → 10조 6,002억원('21년) → 8조 1,842억원('22.9월 기준)으로 매년 증가하고 있다.

20) 실제손해액을 보상하는 특성상 보험금의 산정과 관련된 다툼이 많다. 손해보험사의 실손보험 관련 분쟁은 '21년 상반기 13,068건 → '22년 상반기 18,571건(42%↑)으로 급증하였다(손해보험협회).

가입자간 형평성을 높이고, 과도한 비급여 진료를 막을 수 있는 제4세대 보험상품으로, 보험당국과 보험사는 전환율을 높이기 위하여 독려하고 있다. 제3세대 실손보험까지는 개인의 사용량에 대한 고려 없이 전체적인 손해율에 따라 전체가입자가 공동으로 책임지는 형식으로, 실제로 받은 의료서비스의 이용량이나 특정한 개인이 받은 보험금 액수에 따라 개인 보험료가 오르는 것이 아니므로, 의료쇼핑이나 과잉진료를 막기 어려운 구조이다. 그간 실손보험의 자기 부담률을 높이고, 국민건강보험의 적용확대에도 불구하고,[21] 실손보험의 손해율은 매년 증가하였다. '20년, 연간 실손보험금으로 1,000만원 이상 받은 사람은 76만명(2.2%)으로, 2,433만명(62%)은 보험금을 한 번도 청구하지 않고 보험료 인상을 감내하였다.[22]

실손보험의 손해율이 높은 것은 주요 보장대상인 비급여 의료비가 급증하고 통제장치가 미흡하여 도덕적 해이(moral hazard)를 유발하는 데 기인하는 측면이 크다. 비급여 의료행위의 치료수가나 치료금액은 상한선 제한이 없고, 의료의 공급량과 가격은 의료기관이 임의로 결정할 수 있으므로, 비슷한 내용의 진료도 의료기관에 따라 가격이 천차만별이다. 비슷한 내용의 진료

21) 국민건강보험이 비급여항목을 급여항목으로 바꿔 건강보험의 보장률을 높이면, 민간보험사의 재정에는 긍정적으로 작용하게 된다.

22) 월 29,000원의 보험료를 내고 도수치료, 체외충격파치료 등 252회로 실손보험금 7,419만원을 받은 사례도 있었다.

와 처치, 재료를 사용하는데도, 진료비는 타병원에 비하여 수십 배 이상 비싼 경우도 있다. 반면, 비급여 의료행위는 진료의 적정성을 판단하는 심평원(건강보험심사평가원)의 통제범위 밖의 영역으로 심사대상이 아니어서, 시행사유나 횟수 등에 대한 통제가 없고, 정보의 비대칭으로 해당 진료행위의 적정 여부를 확인하기도 어려워 대부분의 보험사는 병원에서 발행한 영수증만으로 보험금을 지급한다.

병원은 비급여에 대한 가격결정권이 의료기관에 있는 점을 이용해서 수익 극대화를 위하여 비급여 위주의 고액진료를 확대하고, 단속강화 또는 급여화 등 대책을 내놓으면, 새로운 비급여 항목으로 이전하고 다른 쪽의 비용을 부풀린다. 예컨대, 백내장 검사비용에 건강보험을 적용하여 급여화('20.9월)하면, 치료재료대(렌즈값을 200만원 → 400만원)를 대폭 올려서 편취하고 이와 같은 신종수법은 브로커를 통하여 병원 간에 빠른 속도로 퍼져나간다. 병원은 브로커를 고용하여 환자를 더욱 많이 유치하기 위하여 실손보험에 포함할 수 없는 향후 치료비까지 포함하여 광고하고, 환자를 알선·모집해오면 소개비 등 추가적으로 금전적인 이익을 제공한다. 환자는 형사처벌을 받을 수 있다는 것을 알면서도, 브로커가 실손보험에서 보상하지 않는 시술을 보상되는 치료를 받은 것으로 해주고 시행일자의 조작 또는 횟수를 부풀려 보험금을 받게 해준다는 말에 현혹되어 죄의식이 미약한 채로 보험사기에 가담한다.

실손 보험사기는 양·한방병원의 허위 비급여, 과잉 비급여, 임의 비급여 등의 다양한 분야에서 발생하고, 약국에서도 실손 보험의 가입 여부에 따라 다른 약제비로 결재하는 방식으로 편취한다.[23) 허가 병상을 초과하여 허위의 입원확인서를 발급하거나, 치료 횟수 및 금액 부풀리기, 미사용 치료제의 허위 청구, 보상하지 않는 미용·성형 시술을 질병 또는 상해의 치료목적으로, 또는 건강검진을 용종 제거 등 비급여치료를 한 것처럼 진단병명과 진료내용을 조작한다. 도수치료는 신경외과, 재활의학과, 정형외과의 전문의 또는 의사의 지도하에 물리치료사가 시행하여야 함에도 한의사, 피부관리사, 마사지사가 시행하거나, 허위협진으로 고가의 보신제를 치료제로 처방하고 허위영수증을 발급한다. 줄기세포 이식, 자가혈 치료 등 신의료기술 평가를 통과하지 못한 미승인 의료기술(임의 비급여)은 안전성과 유효성이 검증되지 않아 건강보험급여나 법정비급여의 대상에서 제외되고, 환자에게도 진료비용을 청구할 수 없는 데도 실손에서 보장하는 법정비급여의 치료행위로 조작하거나, 신의료기술로 허가된 기준과 목적 외에 적용하고 실손보험금을 청구한다. 최근에는 치조골, 백내장, 하이푸 시술, 갑상선 고주파 절제술, 비뇨기

---

23) 약제비는 병원의 비급여항목 또는 입원에 비해 지출비중이 낮아 보험사의 집중관리의 대상에서 제외되어 있다.

과 등 다양한 의료과목의 비급여항목에서 고액의 보험금 편취가 급증하고 있다.[24)]

'20년 금감원 실손보험사기 적발내용의 분석에서도 백내장 또는 갑상선과 관련된 보험사기가 급증하였고, 병원급, 의원급, 한방병원 등 다양한 의료기관의 안과, 외과, 비뇨기과 등 거의 모든 진료과목에서 적발되었다. 백내장 수술은 포괄수가(DRG) 대상으로 일련의 치료행위 전체에 하나의 가격을 매기는 급여항목이나, 기능검사료(눈의 계측검사), 영상진단(초음파영상), 조절성 인공수정체 등은 비급여항목으로 추가청구를 할 수 있는 점을 이용한다. 하이푸 시술은 고강도 집적 초음파로 종양을 태우는 자궁근종 치료술로 이쁜이 수술(질 축소), 요실금 수술을 시행하고도 자궁근종으로 건강보험 비급여항목인 하이푸 시술을 시행한 것으로 조작한다. 여러 개의 치아를 한 번에 수술하면 수술보험금이 한 번만 지급되므로, 여러 번 수술한 것처럼 조작하고, 임플란트의 식립과정에서 실제로 치조골 이식술을 하지 않았음에도, 시행한 것처럼 속여서 수술비용을 청구한다. 통원으로 성기연장술을 시행한 후, 실손에서 보상하는 전립선, 방광치료를 낮병동 입원으로 시행한 것처럼 꾸미거나, 전립선비대증 환자에게 임의비급여인 심층신경근 치료(IMNS)를 시행하고 법정비급

24) 백내장 수술의 지급보험금은 1,717억원('16년) → 1조 1,195억원('21년)으로 증가하였다.

여인 영상유도 근육·신경 자극요법(FIMS)을 시행한 것처럼 조작한다.[25)]

'21년 이후, 코로나의 장기화(마스크 착용)에 따른 영유아의 언어발달 지연과 관련된 의료수요의 증가로 발달재활 제공기관도 지속적으로 증가하고,[26)] 의료기관 부설 발달센터를 통해 언어·미술·놀이치료와 관련된 실손보험금의 지급규모가 급증하였다. 발달지연의 치료는 의료기관으로 허가받은 장소에서 의사의 지도 및 감독하에 시행되어야 하므로, 보건당국에 의료기관으로 신고되지 않거나[27)] 의사가 아닌 제3자에 의한 치료는 비의료행위로 실손보험의 보상대상이 아니다(대법원 2018다251622 판결). 의사가 실손보상에서 제외되는 행동장애 또는 자폐진단(F코드)을 실손보상이 가능한 상세불명의 언어장애(R47코드), 상세불명의 발달지연(R62코드) 등 실손청구가 가능한 진단코드로 진단하거나,[28)] 발달재활 제공기관을 사무장병원의 형식으로 운영하면, 보험회사는 적정 의료행위 여부를 확인하기 어렵다.

---

25) 일반적으로 FIMS는 입원이 필요한 시술이 아니므로 입원료가 청구된 경우에는 확인이 필요하다.

26) '19년, 2,154개소 → '22년, 2,536개소로 17.7% 증가하였다.(복지부)

27) 의료기관은 발달센터 등 부대시설 현황을 심평원에 신고해야 한다(건보법 제43조).

28) 언어발달지연이 일시적(R코드)인 경우에는 실손보험금을 지급하나 고착화(F코드)된 경우에는 지급대상이 아니다.

법원판결에 따른 풍선효과로 새로운 수법의 보험사기가 나타나기도 한다. 백내장 수술(다초점렌즈 삽입술)의 경우, 수술의 필요성과 입원의 필요성이 주요 쟁점으로 '22.6월 대법원판결 이후,[29] 주요쟁점이 '진단의 적정성'에서 '입·통원 여부'로 전환되었다.[30] 同 판결은 입원이란 형식요건(6시간 이상 체류) 및 실질요건(의료진 관찰·관리하 치료)의 충족을 필요로 하는 것으로, 통상 백내장 수술은 6시간 이상 의료진의 지속적인 관찰·관리가 필요 없으므로, 입원이 필요하지 않다고 판시하였다. 同 사안에서 부작용·합병증이 없는 점, 수술 후 구체적 처치가 없는 점, 퇴원시 환자상태(혈압, 체온 등)만 관찰한 점, 입원실이 없는 점을 고려하여 통원치료로 판단하였다. 이에 따라, 보험사는 백내장 수술에 대해 원칙적으로 통원의료비를 지급하고 예외적으로 입원치료의 필요성이 인정될 때에 한하여 입원의료비를 지급한다. 최근 일부 병원은 입원요건을 억지로 만들기 위해 백내장 진단시에 상세불명의 각막염, 녹내장, 망막변성 등을 끼워넣거나 불필요한 치료내용을 추가하여 의무기록을 허위로 기재한다. 양일에 걸쳐 모두 일정시간 이상을 병원에서 체류하면서 백내장 수술을 시행한 것으로 기재하거나[31] 합병증에 대한 구체적인 처

29) 대법원 2022다216749 판결, 서울고법 2021나2013354·2021나2013361 판결.

30) 약관상 보상한도가 입원의료비(연간 5천만원)와 통원의료비(회당 20~30만원)의 차이가 크다.

31) (1일차) 각막굴곡진단으로 안약 투여, 주의사항(일상생활) 설명 후 퇴원,

치행위가 없는데도 허위로 합병증 동반 코드로 기재하여 청구한다.[32)]

실손사기는 나이롱환자 등 단독내원으로 입원 일당을 편취하는 개인·단독형의 사기와는 달리 전문조직을 만들어 설계사 또는 브로커를 고용하거나, 위장 컨설팅업체를 매개로 브로커가 전주 역할로 의사를 고용하고 병원, 보험업 관련종사자와 결탁하여 사무장병원 형태로 운영한다. '20년 적발인원에서 병원 관계자·보험설계사 등이 공모한 실손보험사기의 비중은 33.8%(전체 보험사기의 적발건 중 공모비중은 16.7%)로 브로커가 조직적으로 개입하는 정황이 확인된다.[33)] 브로커가 법인을 설립하여 제휴병원과 공모하고, 합법적인 홍보계약을 가장하여 다단계 방식으로 환자알선, 가상병실 및 초과병상의 운영, 허위영수증을 발급하여 편취하고, 병원매출(진료비)의 30~40%를 알선·소개비로 받기도 한다. 특정병원(주로 의원급)과 공모하여, 합법을 가장한 광고 등 영업활동으로 환자를 모집하면, 특정병원에 짧은 기간 동안 환자가 집중되거나 원거리 치료가 많은 이상징후가 나타난다. 설계사 등이 블로그 등을 통하여 백내장, 여성형유방증

(2일차) 합병증(각막염) 진단으로 안약 투여 및 경과 관찰, 합병증 해소 확인 후 퇴원.

32) 합병증이 없으면 DRG-C05100 코드를, 합병증 동반시는 DRG-C05101 코드를 적용한다.

33) '22년 실손의료보험사기 적발현황 분석 결과(금감원).

등 특정질병을 담보하는 피보험자를 적극적으로 모집하고 필요한 보험을 집중가입하면, 특정기간에 특정모집인 또는 특정지점에 가입이 집중된다. 피보험자의 주거지는 전국에 분포되었음에도 특정지역의 병원과 연결되어 모집행위로 백내장 수술이 필요치 않은 대상자에 대하여 이른바 '생내장' 수술을 시행하고 보험금을 수령한 후 계약을 해지하는 경우도 있다. 최근 건강검진을 악용하여 위 또는 대장의 용종(폴립)제거 후 수술비의 청구가 급증하고 있다. 보험설계사가 관리고객에게 무료 건강검진 제공을 약속하고 보험료를 대납한 후 건강검진 중 허위로 폴립 제거수술을 한 것으로 조작하거나 폴립이 없는 생조직을 절제하여 보험금을 설계사가 대리 수령한다. 통계청의 자료에 의하면, 국내 내시경 환자의 폴립 발견율은 대장은 65%, 위는 1.5% 정도이므로, 특정병원의 폴립 발견율이 100%라면 설계사나 브로커, 특정 보험대리점 등이 개입한 보험사기를 의심할 수 있다.

실손보험사기는 수익증대를 목적으로 비급여 항목을 악용하는 병원·의사, 병원과 고객을 연결하는 브로커, 저렴한 비용으로 외모 개선을 원하는 고객의 수요(needs),[34] 도덕적 해이(moral hazard), 보험사의 판매 중심의 영업전략, 신규고객 모집에 중점을 둔 설계사 등 다양한 요인이 관련되어 있다.

---

34) 레깅스 등 몸매를 그대로 드러내는 옷이 유행한다면, 미용 목적으로 특정부위의 위치변경 수술 등의 유인이 될 수 있다.

4. 사무장병원

의료법은 의료기관의 개설 주체를 의료인(한의사 포함), 국가나 지방자치단체, 의료법인, 비영리법인으로 한정하여, 비의료인의 의료기관 개설(사무장병원)을 금지한다. 허가권자는 병원 등의 규모에 따라 시, 자치구, 보건소로 허가제 및 신고제이다.[35] 병원의 개설은 의료자원의 확충으로 바람직하나, 사무장병원은 이윤을 목적으로 비의료인(사무장)이 의사를 고용하여 의사명의로 개설하고 운영하는 병원으로, 환자 유치를 위한 영업활동, 허위입원, 과잉진료로 의료시장의 건전성을 해치고 공·민영보험에 막대한 재정피해를 야기한다. 건강보험공단은 매년 사무장병원으로 의심되는 의료기관을 조사하여, '09~'22.10월간(13년간) 총 1,670개(3조 1,731억원)의 사무장병원 등을 적발하였으나, 2,154억원(6.8%)의 환수에 그쳤다.[36] '20년 공·민영보험 공동조사는 허위입원으로 지급된 보험금의 약 70%(연간 600억원)는 사무장병원에서 발생한 것으로 추정하였다.

병원개설시 자격명의를 빌리는 것은 모든 형태의 병원에서 가

35) 종합병원, 병원, 한방병원, 치과병원, 요양병원은 시·도지사의 허가사항이고, 의원급(의원, 한의원, 치과의원)은 시장, 군수, 구청장(보건소)에 신고 대상이다.

36) 건강보험공단의 연도별 불법 개설기관 환수결정 및 징수현황 참조.

능하므로, 사무장병원은 일반병원, 한방병원, 요양병원, 치과, 약국 등 다양한 형태로 개설된다. 최근 코로나로 인한 마스크 착용에 따른 영유아의 언어발달 지연과 관련된 의료수요가 증가하자 언어재활사가 의료인의 명의를 빌려 발달재활 제공기관을 사무장병원으로 이용하거나 치과병원을 사무장병원으로 개설하여, 치과환자는 돌려보내고, 피부미용시술, 영양제 주사 후 도수치료로 청구한 사례도 있다. 한방병원은 상대적으로 개설 인허가가 용이하고, 개설비용과 의료인의 수급, 개설 후 시설유지 및 관리비용이 저렴하므로 사무장병원으로 많이 이용된다. 수익의 극대화를 위해서는 입원이 가능한 병원급으로 개설하고 자격을 갖추면서도 급여가 저렴한 한의사, 고령의 퇴직의사, 사회초년생 의사를 주로 고용한다. 양방은 적용증상, 기준용량 등 수가기준이 비교적 구체적이나, 한방의 약침은 투여횟수와 대상상병, 용량기준이 미흡하여 같은 상병이라도 횟수와 기간 등에서 편차가 크다. 첩약은 비급여로 자동차사고로 치료받은 환자의 치료효과를 증대시키기 위하여 맞춤형 소량제조의 특성을 반영하여 비교적 수가가 높게 책정되었으나, 대량으로 일괄제조하여 제공하고도 첩약으로 청구하는 등 보험사기에 악용된다.

의료법상 의사는 종합병원, 병원, 요양병원, 의원급 개설이 가능하고 한의사는 한방병원, 요양병원, 한의원 개설이 가능하다. 의료법시행규칙상[37] 의료기관 종류별로 시설기준, 시설규격, 의료인 정원 기준은 일반병원과 한방병원 간에 차이는 거의 없다. 의료인 정원은 연평균 입원환자 또는 외래환자 수를 기준으로 산정하나,[38] 병원의 개설시점에는 데이터가 없어 허가 병상을 기준으로 산정할 수밖에 없으므로, 한방병원 개설시 의료법에서 정한 시설기준(의무 및 선택시설), 시설규격, 의료인 정원 기준 등의 조건을 갖추면 허가를 하고, 한방병원은 의사를, 병원은 한의사를 고용하면 양한방 협진병원이 가능하다.

사무장병원을 막기 위해서는 초기의 진입규제, 적발 및 관리, 불법행위자의 의료시장에 재진입 금지, 이익의 몰수와 환수가 필요하다. 최근 사무장병원을 진입단계부터 막기 위하여 보건복지부는 의료기관개설위원회 제도를 도입하여, 병원급 이상의 의료기관에 대하여 개설 전에 적법한 개설권자 여부를 사전에 심의한다. 그러나, 대부분의 위원회는 의료인으로 구성되어,[39] 사무장병원에 대한 주요 자료를 가지고 있는 건강보험공단 또는

---

37) 의료법시행규칙 별표 3(시설기준), 별표 4(시설규격), 별표 5(의료인의 정원).

38) 한의사의 경우 연평균 1일 입원환자를 20으로 나눈 수(외래 3명은 입원 1명으로 환산), 의사는 추가 진료과목당 1명, 간호사는 연평균 1일 입원환자를 5명으로 나눈 수(외래 12명은 입원 1명으로 환산) 등.

39) 광주광역시는 총 11인 전원을 의료인으로 구성(의사회 4, 한의사회 3, 치과의사회 2, 간호사회 2), '20년 7회, '21년 14회, '22년 6회를 심의하여 1건을 부결하였다('22년 9월 제19차 광주경찰청 유관기관 실무협의회 자료).

수사기관의 참여가 없어 실질적인 심사가 이루어지기 어려워, 형식적인 인적·물적 요건을 충족하면 개설을 허가한다. 설립 이후의 병원에 대한 점검, 불법행위의 단속, 행정처분은 시·군·구의 권한이다. 무면허 의료행위, 면허범위 외의 의료행위, 신고 및 허가사항 미이행, 준수사항 미이행, 비급여 고지 위반, 명칭 및 진료과목 표시 위반, 광고 위반 등에 대한 단속과 허가취소 및 폐쇄, 업무정지(과징금 부과), 시정명령, 경고, 고발조치 등 광범위한 권한이 있으나 자체 적발은 거의 없고 적발내용도 준수사항의 미이행 등 경미한 위반행위에 그치고 허가취소, 영업장 폐쇄, 업무정지 등 중한 처분은 수사기관의 통보가 있는 경우에만 소극적으로 이루어진다.

사무장병원은 서류상으로는 의사가 직접 운영하는 것으로 신고하므로 개설자금의 출처, 수익의 분배 등 자금의 흐름을 중심으로 내부의 역할과 관계 파악이 필요하고, 수사에 장기간이 소요된다. 건강보험공단의 행정조사나 수사기관의 수사가 시작되면 행정조사의 거부, 자진 폐업, 진료기록부 폐기로 증거를 인멸하고 휴원신고, 명의변경, 이전·재개설 등으로 행정처분 등을 회피하므로, 인허가권 및 지도·단속권을 가지고 있는 시·군·구, 수사기관, 심평원, 건강보험공단, 보험사, 의사협회, 한의사협회 등 관련기관 간 정보공유와 협업을 통하여 적발하는 것이 효과적이다.

사무장병원에 고용된 의사 등 보험사기 가담자·방조자에 대한 면허취소 등을 적극적으로 적용하여 재진입을 막아야 한다. 최근 개정의료법은 의료면허 필요적 취소사유의 적용대상을 종전의 의료법에서 정한 형법 위반사항, 의료법, 의료 관련법령 등을 위반하여 금고 이상의 형을 선고받은 자로 한정하였던 것을 범죄의 구분없이 모든 범죄로 확대하였다. 의사, 간호사 등 의료인이 음주운전, 살인, 성폭행, 업무상 과실치사 등 의료관련 법령의 위반과 관련없는 범죄를 범하더라도 금고 이상의 형사처벌을 받게 되면 면허를 취소하고,[40] 의료인이 면허를 다시 받기 위해서는 40시간의 의료윤리교육 이수를 포함하여 재교부요건을 강화하였다.

따라서, 사무장병원의 수사시 개인의 보험사기 수사를 동시에 진행하여 의료인과의 공모 여부 또는 의료법 위반 등 부수 범죄에 대하여 적극적으로 수사할 필요가 있다. 판례는 의료법에 열거된 의료관련 법령 위반죄에는 정범뿐만 아니라 교사 또는 방조범도 포함되고,[41] 의료인이 불법리베이트를 받아 의료법 위반과 형법상 배임수재죄의 상상적 경합으로 금고 이상의 형이 선

40) 교통사고로 의사면허를 취소하는 것은 과도하게 기본권을 제한하므로, 성범죄나 일부 특정강력범죄를 범한 경우로 제한하자는 의견도 있다.

41) 의료법 제8조 4호의 … 아니한 자에는 형법상 사기죄의 정범뿐만 아니라 교사 또는 방조범도 포함된다.

고된 경우에도 면허취소는 정당하다고 판시한다.[42] 정신병원장인 의사가 행정실장 등을 고용·공모하여, 노숙인을 환자로 유치하여 영리유인, 감금, 의료법, 정신보건법, 사기, 국민건강보험법 위반으로 징역 10개월에 집행유예 2년을 선고받은 사안에서, 의료인이 의료법 위반과 다른 범죄의 경합으로 집행유예를 선고하는 경우에도 보건복지부의 의사면허 자격취소처분은 정당하다고 판시하였다. 병원장이 환자의 유인을 지시하고 의료법 위반행위에 가담하면, 의료기관 운영자로서 의무 위반과 의료인으로서의 의무 위반행위에도 해당하므로 의료인이 될 수 없는 결격사유에 해당한다.

의료법 등 관련 규정을 정비하여 행정처분 및 형사처벌의 실효성을 담보할 필요가 있다. 특히, 행정조사 또는 수사를 피하기 위한 진료기록부의 폐기, 보험사기의 수단으로 이용되는 의료기록의 허위·대리 작성 및 위·변조 행위 등에 대한 처벌강화가 시급하다. 등록취소 의료인에 대한 재개설의 제한 및 경과기간의 설정, 동일장소 재개설의 제한, 의료기관의 개설 이후 일정기간 동안 집중관리하는 등의 방안 마련이 필요하다.

42) 대법원 2020두32364 판결.

5. 해외 보험사기

해외 보험사기는 사실관계 및 서류의 확인이 곤란한 점을 악용하여 해외 사망, 해외 질병 및 상해, 여행자보험 등 관련서류를 위·변조하거나 과장한다. 해외의 관공서나 의료기관에 사망 또는 사건사고로 절차에 따라 정상적으로 신고되어 등록되어 있더라도 실체적 사실과는 다를 수 있으므로, 보험사기에 이용될 소지가 있다. 최근에는 해외에서의 병력을 숨기고 입국하여 피부양자의 형태로 국내병원에서 진료하여, 건강보험이나 민영보험금을 편취하는 등 해외 현지조사의 필요성이 높아지고 있다.[43)]

해외 사망은 사고사를 가장한 고의살해, 사망내용의 조작, 허위·위장사망, 사망자 바꿔치기 등의 유형이 있다. 사고사를 가장한 고의살해는 피보험자(피해자)를 살해하는 경우로, 자연스러운 보험사고로 보이기 위하여 사고사 또는 자연사로 위장하고,[44)] 가해자(수혜자)가 현지의 범죄조직 또는 조력자와 공모하는 경우가 있다. 사망내용의 조작은 고의사고(자살사고)를 뺑소니 교통사고 또는 아파트내 추락사고 등으로 조작하거나 패러글

43) 고지의무 위반, 종전병력과 청구건 간에 인과관계를 입증하기 위해서는 해외에서 진단 및 치료를 받은 사실 등에 대한 현지조사가 필요하다.

44) 차량사고, 레저활동사고, 뱀물림사고 등으로 위장하거나 자연스러운 죽음처럼 보이기 위하여 독살 등을 이용한다.

라이딩 중 추락사망을 일반등산 중 사망사고로 위장하는 등 기왕에 발생한 사고의 내용을 보험사고로 조작한다. 허위사망은 실제로는 누구도 사망하지 않았음에도 의사, 장례식장, 검시관 등 권한이 있는 자로부터 객관적인 사실과 다른 서류를 발급받거나 서류를 위조하여, 허위의 사망신고서를 관공서에 제출 또는 실종제도(인정사망)를 악용하는 경우로, 피보험자가 실제로 사망한 것이 아니므로 수혜자와 공모하는 경우가 많다. 보험사고의 조작장소로는 사망의 확인과 처리절차가 비교적 허술하고, 사망처리 이후 은신과 신분세탁이 용이한 곳이 주로 이용된다. 일반적으로 보험금을 신청할 때 제출하는 재외공관이 공증한 사망확인서, 해외 관계기관이 발행한 사고증명서 등 사망사실을 증명하는 서류도 사망의 조작, 사망자 바꿔치기의 경우에는 조작의 결과물에 불과하므로, 이는 관공서에 신고·등록되었다는 사실을 나타낼 뿐으로 실체적 사실과는 다를 수 있다. 사망자 바꿔치기는 실제 사망한 사람이 피보험자가 아닌 제3자로, 신원의 확인 또는 사체인도를 요구하는 가족이 없으면 바꿔치기가 용이하므로, 피보험자를 대신할 만한 노숙자, 무연고자를 사고사, 자연사 위장에 이용한다.[45] 사고 및 사망처리는 지역경찰, 공무원, 의료인 등의 확인이 필요하므로 관계자의 개입 또는 묵

45) 노숙자가 피보험자의 사진이 부착된 신분증과 유서를 소지하는 경우가 있다.

인이 있거나, 서둘러 사체를 소각하면 입증이 어렵다.

해외치료비의 허위청구는 현지확인이 곤란한 점을 악용하여 입원확인서를 위·변조하거나 경미한 처치를 중한 처치로 부풀린다. 고의사고, 허위입원, 허위사고, 사고조작, 사고 후 보험가입 등 다양한 수법이 이용되고 전문브로커가 개입하는 사례가 많다. 여행자보험은 소액청구로 조사가 곤란하고, 제출된 소유권의 증명과 영수증만으로는 내용확인이 어렵다는 점을 이용한다. 디지털 환경에서는 서류의 위조 및 허위영수증의 구입이 쉽고, 영수증 및 상품라벨의 첨부, 외국경찰·세관 등이 발행한 증명서류를 제출하더라도 실제 사실과 일치하지 않는 경우가 있다. 수화물의 분실, 도난, 파손, 부풀리기는 젊은층 또는 재정적인 어려움이 있는 자가 여행비용을 충당하기 위하여 서류조작, 피해물 끼워넣기, 허위 또는 중복하여 청구하는 사례가 많다.

해외 보험사기의 조사는 주로 혐의자의 주장과 제출된 서류의 일치 여부를 확인하는 과정으로, 첨부서류의 진위 확인이 우선이므로 보험사는 위·변조를 확인할 수 있는 조직과 네트워크가 필요하다. 기초조사로 공적 기관에 정상적인 등록과 절차에 따른 발급을 확인하여 위조 여부를 판별하고, 정상적인 등록 및 발급이 된 경우에도 사망자 바꿔치기, 허위사망, 사망내용의 조작, 의료진단서의 부풀리기 등의 의심이 있는 경우에는 정밀조사가 필요하다. 언어, 문화, 제도가 다른 환경에서 심층조사는 조사자의 전문적인 기술(skill)과 경험,[46] 현지의 활동기반이 필요하고, 경찰 등 현지 수사기관, 의료기관과 네트워크가 있어야 한다. 행정관청에 신고 및 등록이 되어 있는 사실의 확인, 의료기관의 진단서 발급사실, 장례식장에서 장례를 치른 사실 등 객관적인 사실에 대한 진위 확인은 비교적 용이하나, 잘못된 정보에 기반하여 공식적으로 작성된 문서가 실체적 사실과 부합하는지의 확인은 현장실사와 검증 등 광범위한 조사가 필요하므로 장기간이 소요된다.

예컨대, 진단서 내용과 사실관계가 일치하는지의 확인은 진단서에 직접 서명한 의사, 병원에서 사망한 경우에는 병원관계자 및 담당자를 대상으로 피보험자 시신의 처리 여부, 시신의 도착상태, 동행자, 사망 전에 함께 있던 사람 등에 대한 심층조사가 필요하다. 일반적인 사망확인에 대한 조사도 추후 증거로서의 가치를 염두에 두고, 개인·가족의 배경, 호적기록(사망날자 등), 병원의 사망진단서, 사망신고 내용, 장례허가서, 장례장소(장소 및 날짜, 부고 및 예약서류, 영수증) 및 장지, 화장장소(○○번, 화장시간, 화장대행업체), 매장장소, 의료조치 사항, 사망시 정황(의료진과 인터뷰), 사망 전후 가족의 정황, 임종의 임장 여부 등 세부조사가 필요하다. 교통사고, 폭력사고 등으로 사망하여 경찰의 조사가 있었다면, 담당경찰을 통한 확인도 필요하다.

---

46) 감시(surveillance) 및 미행, 탐문(undercover operation), 인터뷰 등.

해외조사는 현지의 협력 및 제휴업체, 탐정 · 컨설팅업체, 여행사 이용, 현지 방문조사 또는 경찰 등 국가기관을 통하여 공식적으로 현지의 수사기관에 협조를 요청할 수 있다. 통상적으로 대형보험사는 전담 심사 후 필요시 제휴된 해외업체나 국내 손해사정업체에 조사를 의뢰하고, 중소보험사는 해외 조사망을 갖춘 국내 손해사정업체나 해외지사가 있는 외국자본 계열 보험사의 네트워크를 이용한다.[47] 제휴업체, 탐정, 컨설팅업체를 통한 심층조사는 많은 비용이 소요되고, 조사에 필요한 최소한의 기초자료를 제공하여야 하므로 개인정보 보호와 관련된 이슈(issue)가 문제될 수 있다. 수사기관을 거쳐 인터폴 등을 통하여 현지 수사기관[48] 또는 공적 기관에 의한 조사는 발급서류 등에 대한 공식적인 확인에는 유용하나, 현지 수사기관의 전문성과 조사의지가 있어야 한다. 여행사 이용 및 현지 출장조사는 해당 의료기관의 존재 여부 등 단순사실의 확인에 유용하다.

해외조사는 조사 필요성의 판단, 조사수단의 결정, 정보제공의 범위, 조사권의 유무, 입증증거로 사용, 개인정보의 보호 등 고려할 내용이 다양하다. 영국 보험사가 탐정에게 보험사기의 조사의뢰시에 적용하는 가이드라인은[49] 탐정업체의 선정, 정보

---

47) 손해사정사 또는 ING, 알리안츠, 에이스, AIG 등.

48) 인터폴(interpol) 등 공식적인 국제 공조망으로 수사협조를 의뢰한다.

49) 188면 영국의 '3. 탐정(PI)과 보험사기' 이하에서 기술한다.

제공의 범위, 적법활동의 담보, 활동범위의 지정, 취득정보의 적정관리 및 폐기, 분쟁예방을 위한 조치사항 등을 포함하고 있으므로, 이를 참고하여 보험사기의 해외조사 의뢰시에 준수내용을 지침으로 제정할 필요가 있다. 해외조사는 고비용이 소요되므로 사안의 중대성과 활용가능한 재원을 고려하여 진행 여부를 전략적인 관점에서 판단하여야 한다. 고의살해, 사망위조 등 중대한 사건은 전수조사가 필요하다. 가짜치료 및 치료비 부풀리기는 편취금액의 크기 및 반복성을 고려하여 조사대상을 선정하고, 해외여행자보험을 이용한 개인 소지품, 저가의 단순화물의 분실 등 소액편취는 주기적인 기획수사로 경각심을 유지할 필요가 있다.

제 2 장

보험사기와 환경

1. 디지털화(Digitalization)와 보험사기
2. 법원의 엄격성 강화
3. 심평원의 입원적정성 심사
4. 보험사기 피해자의 구제
5. 경미사고와 마디모(Mathematical Dynamic Modelling)

1. 디지털화(Digitalization)와 보험사기

경기침체와 실업증가로 인한 경제적 곤궁은 개인의 행태에 영향을 주어, 보험업에 대한 부정적인 인식을 확산시키고 도덕적 해이를 촉발하므로, 선량한 일반인도 기회가 주어지면 보험사기에 쉽게 노출된다. '08년 글로벌 경제위기로 인한 경제 하락기에 미국, 영국의 보험금 청구건수가 대폭 증가하였고,[1] 우리나라도 '09년 자동차보험의 적발금액과 인원이 각각 30% 증가하였다.

보험사기를 유발하는 메커니즘은 범죄학자 도널드 크레시(Donald Cressey)의 사기 3요소(fraud triangle)와 영국의 보험사기방지 TF 결과보고서('15년)를 종합하여 설명할 수 있다. 도널드 크레시는 사기의 3요소로 압력(pressure), 합리화(rationalization), 기회(opportunity)를 제시하였다.[2] 보험사업자에 대한 불신과 이해부족으로 보험소비자의 신뢰도가 낮은 상황에서 경기침체는 보험사기(특히, 연성사기)의 압력을 높인다. 정직한 사람이 연성사기(opportunistic fraud)에 노출되면 적발될 가능성이 작은데도

1) 영국은 전년 대비, 청구건수가 17%(액수 대비 30%) 증가하였다.

2) 도널드 크레시의 사기 3요소(fraud triangle)는 사기, 횡령 등 금융범죄의 설명에 자주 인용되는 고전이론이다.

정직하게 사는 것을 어리석게 인식하고, 보험사기를 얼굴과 피해자 없는(faceless, victimless) 범죄로 스스로를 합리화하여 사기적인 행동을 일반화하는 경향이 강해진다. 일반인도 기회가 있으면 연성사기의 유혹에 쉽게 노출되고, 점진적으로 경성사기자로 진화하므로 연성사기, 경성사기(premeditated fraud), 조직사기(organized fraud), 공모사기(staged fraud) 등 모든 종류의 보험사기가 증가한다. 부정적·선정적 언론보도로 보험사기는 더욱 빈발하고 악순환된다.

코로나-19(COVID-19)로 인한 경기침체와 실업증가로 양극화가 심화되는 상황에서, 보험사는 비대면 활동과 재택근무 필요성의 충족, 고객의 편의증진, 비용절감 등을 목적으로 보험상품의 판매, 보험가입, 보험금의 신청·지급, 보험사기의 예방 및 적발 등 다양한 분야에서 디지털로의 전환(digitalization)을 가속하였다.

디지털화는 플랫폼과 방대한 데이터를 적극적으로 활용하여 비대면으로 보험의 구입, 신청, 지급을 신속히 처리(fast track)함으로써 소비자의 편익 증진과 갈등 감소, 신규시장을 창출하는 장점이 있으나, 이미 포화상태에 이른 보험시장에서 기존의 영업전략과 업무처리방식의 변화, 판매채널의 다양화는 새로운 형태의 경쟁과 갈등을 야기한다. 비대면·익명성에 기댄 간소화된 보험상품의 판매와, 보험금의 신청 및 지급을 비대면으로 처리,

패스트트랙(fast track)으로 신속·간소화된 심사절차는 위조서류의 확인에 취약하므로, 새로운 유형의 보험사기를 유발한다. 절취한 ID나 허위정보를 사용하여 온라인상의 사이트(aggregator)에서 비대면으로 보험상품을 구입하는 경우에 보험자가 즉시 확인에 이용할 수 있는 데이터가 부족하게 되면 제공된 정보의 진위 여부에 대하여 신속한 확인이 곤란하므로 보험의 가입단계부터 보험사기에 노출된다.

디지털 전환시에 플랫폼의 구축, 도구(tool) 등 물리적인 환경은 비교적 단기간에 구축할 수 있지만, 시스템의 고도화 및 안정화(stabilization)에는 장기간이 소요된다. 시스템을 원활하게 구현할 수 있는 양질의 데이터 확보, 지원환경의 조성,[3] 디지털 취약성(digital vulnerability)의 증가,[4] 개인정보 및 프라이버시(privacy)의 보호 이슈(issue) 등은 단기간에 해결이 어려워 적응지체 현상의 발생이 불가피하다. 데이터 중심의 탐지기법은 자동차보험이나 의료관련 분야와 같은 경성·고의 보험사기의 예측과 적발에는 유용하나, 연성보험사기 또는 자료축적이 충분하지 않은 신종 보험사기의 활용에는 한계가 있는데도, 한정된 재

---

3) 데이터의 공유·협업 시스템의 마련, 데이터의 관리 및 분석 전문가 확보, 인적·물적 지원조직의 구성, 개인정보 보호정책과의 충돌문제의 해결 등.

4) 디지털 시스템의 연결성과 소프트웨어의 취약점으로 해킹, 사이버공격 등 보안상 문제에 노출될 수 있다.

원을 디지털 시스템의 구축에 집중 투자하고, 디지털 시스템의 구축시에 비용과 전문성을 고려하여, 구축자 또는 외주 형식으로 외부전문가를 중심으로 운용하면, 알고리즘이나 메커니즘 등 기술적인 시스템에 의존이 심화된다. 이를 과신하여 전문적인 경험이나 기술(skill)을 가진 인적 대응자원을 축소하면, 보험사기에 장기간 동안 노출될 우려가 있다.

미국 보험업계는 코로나 상황에서 인공지능(AI)의 도입 등 빠른 속도로 디지털화(digitalization)를 추진하여, 비대면 업무처리의 수요(needs)에 대응하고 비용절감을 도모하였다. 재택 · 비대면 근무 등 새로운 형태의 업무처리 방식에 적응이 미흡한 상태에서 현장확인이 곤란한 자동차 고의사고(staged car accident)와 가정내 허위부상 등 특정유형의 보험사기가 증가하였다. 미국 보험업계의 종사자를 대상으로 한 프리스 조사보고서(Friss insurance fraud report survey, 2020)는 팬데믹(pandemic) 기간 중 보험사기 의심건을 이전의 2배 수준으로 평가하였다.

〈프리스(Friss) 보험사기 조사보고서('20), 요약〉

○ '코로나로 새로운 형태의 업무량은 증가한 반면, 원격 · 비대면 근무로 현장조사는 감소하였다.

○ 증가 분야는 고의교통사고 및 자동차 절도, 비용 부풀리기 등 자동차 관련 또는 현장확인이 어려운 가정 내에서 넘어짐, 개 물림 등

허위사고 · 허위부상이다.

- ○ 코로나 대응을 위하여 응답자의 2/3는 디지털화를 집중 추진하였고, 이 중 1/2은 비용 절감을, 1/3은 보험사기에 대한 감시강화를 목적으로 추진하였다.
- ○ 조사(survey) 결과, 보험사기의심 청구는 전체 청구건 대비 약 18%로, 미국 SIU 협회(IASIU)의 현장 조사관은 약 22%로 높게 추정하였다.
- ○ 소프트웨어(software)와 관련된 조사의 제약요인은 IT 활용자원(resource)의 제한, 과다한 위양성(false positive) 반응, 데이터의 통합 빈약, 성과측정(ROI)의 곤란, 사기 예측의 어려움 등이다.
- ○ 보험사기 방지 소프트웨어의 사용 편익은 손해율 개선, 실시간 탐지, 신종 보험사기의 예측, 다양한 조사수단의 확보로 효율 향상 등이다.
- ○ 보험사기 방지를 위해서 자동 탐지시스템의 구축, 부서 간 데이터의 공유 및 정보교류, 보험사 간 데이터의 교환 등이 필요하다.
- ○ 대응의 제약요소는 내부 데이터의 질, 프라이버시(privacy) 보호정책, 외부데이터에 대한 접근의 어려움, 사기 트렌드의 빠른 변화, 타 보험사와의 협력 미흡, 불충분한 예산 등이다.

영국보험자협회(ABI)는 '20년 전체 보험사기의 적발은 팬데믹으로 인한 자동차 운행의 대폭 감소로 관련된 보험금의 청구건수가 줄어든 영향으로 전년 대비 약 10% 감소했지만, 전체적인 적발률과 건당 평균 적발금액은 증가하였고,[5] 해외여행의 취소

5) 자동차와 관련된 보험사기 적발은 55,000건으로 6% 감소하였으나 금액

나 단축으로 여행자보험과 관련된 보험사기는 49%가 감소하였음에도 전체 적발금액은 오히려 전년 대비 2%가 늘었다고 발표하였다. 팬데믹에 따른 대규모의 사회봉쇄(lock down)로 자동차 운행이 현저히 감소하였음에도, 경찰이 부상자 없는 교통사고에 대하여 현장 출동을 자제하여, 경찰의 현장보고서 등 관련 증거가 없는 점을 악용하여 부상자 끼워넣기, 신체상해 클레임(PI claims) 등 자동차와 관련된 보험사기와 현장확인이 곤란한 가정 내 허리부상, 재택근무 중 사고 등 허위·과장유형의 보험사기가 증가하였다.

디지털 환경에서는 보험사기 조직이 합법적인 조직을 가장하여 대형화, 탄력 조직화(agile)되는 경향이 가속화하고 탈국가화(transnational)·탈중앙화로 때와 장소에 상관없이 어디서나 보험금의 청구가 가능하므로 보험사기의 속성이 변한다. 수법도 특정 보험사를 대상으로 ID를 절취하면 즉시 통합 ID를 생성하여 편취하는 단편적인 방식에서, 다른 금융산업의 다양한 부서를 대상으로 시기를 정하여 계획적으로 실행하는 방식으로 변화한다. 범죄의 은폐가 용이한 암호화폐를 매개로 다른 국가 또는 다른 범죄조직과 연결되어 보험사기의 자금을 조폭 및 테러단체의 자금원 또는 자금세탁의 수단으로 이용될 수 있는 환경이다. 2015년 영국에서 보험사기 의심이 있는 클레임을 대행하는 56개

은 6.02억 파운드로 1% 감소하였다.

청구대행회사(claim management company)의 청구건을 모니터링한 결과, 전체 청구사례의 약 50%가 자동차 사고와 관련된 보험사기(scam)에 연관되는 것으로 추정하였고, 조직범죄단체가 청구대행회사(CMC)를 설립하여 고의사고(crash for cash)를 보험사기에 악용하는 사례도 있었다.[6)]

2. 법원의 엄격성 강화

최근 법원은 보험사기의 성립요건을 엄격히 적용하는 추세로, 과다입원의 경우에 일반적으로 인정하였던 심평원의 입원적정성 심사의 증거능력을 제한하고, 정황증거보다는 실제로 진료한 의사의 소견을 신뢰한다. 입원실 부재 환자에 대한 보험사기 고의의 인정과 관련하여, 그간은 입원자가 입원기간 중 병·의원에 부재하였다는 객관적인 입증이 있는 경우 보험사기의 고의를 인정하였으나, 최근에는 단순히 입원 중 외출이나 부재사실만으로는 보험사기를 인정하지 않고, 그 횟수가 많다거나 외박 또는 외출기간이 길다는 등의 특별한 사정 또는 부재의 구체적인 사유에 대한[7)] 증명이 필요하다는 경향으로, 보다 엄격한 증명을

6) 2015년 IFB 보고서.

7) 외출 중 신용카드 사용만으로 과다입원으로 보기는 어렵고, 외출 중 택시 영업(1회), LPG 충전(2회) 등의 사실만으로는 입원의 필요성을 부정

요구한다.

과거에 법원은 심평원의 입원적정성 심사결과를 소송법상 당연히 증거능력 있는 서류로 인정하여, 과다입원 유형의 보험사기의 입증근거로 활용하였으나, '15년 대법원(전원합의체)판결은 심평원의 입원적정성 심사결과는 상업장부, 진료일지 등 사무처리 내역을 계속적·기계적으로 기재한 문서가 아니며, 범죄사실의 인정 여부와 관련 있는 의견을 제시하고 있어 형사소송법상 당연히 증거능력이 있는 서류에 해당하지 않는다고 판시하였다. 이후에도, 대법원은 심평원 자문의사의 입원진료 적정성 여부 검토의견서를 전문증거로 규정하고 전문증거로 성립되기 위해서는 작성자의 증인 출석이 필요하다고 판시하면서, 증인(의사)의 불출석을 사유로 증거능력을 인정하지 않았다. 나아가 실제 진료한 의사들에 대한 의견조회 없이 진료기록을 통해 사후적으로 적정성 여부를 심사한 것만으로는 보험사기를 인정하지 않거나, 심평원의 입원진료 적정성 여부 심사에 대하여, 회신 작성자가 누구인지 명확하지 아니하며, 심평원은 피고인의 진료, 입원행위에 관하여 지급된 건강보험급여 수가의 적정성을 평가하고, 요양기관에 지급될 금액을 삭감, 회수할 권한을 가지고 있는 기관으로 사건에서 중립적인 위치에 있는 제3자라고 보기에 어렵다고 판시하여, 심평원의 입원적정성 평가행위 자체를 부인하는

하기는 어렵다(서울중앙지법 2019고정1036 판결).

판례도 있다.[8)]

캄보디아 만삭아내 고액 사망보험금 사건은, 보험금을 노린 고의살인 여부가 쟁점이 된 사건으로, 다수의 보험 가입, 사고 전후 사정 등 간접사실만으로는 살인과 보험사기에 고의가 있었다고 보기 어려우므로, 금전적 이유를 보험사기의 동기로 인정하기 위해서는 사고가 고의에 의한 것임을 의심할 여지가 없을 정도로 객관적인 증거와 치밀한 논증의 뒷받침이 없다면 "의심스러우면 피고인의 이익으로"의 원칙에 따라, 유죄로 인정할 수 없다고 판결하였다.[9)] 이 외에도 과다입원의 경우, 특정 환자가 같은 증상의 다른 환자들의 평균적인 치료기간 이상으로 입원치료를 받았다는 이유로 사기죄로 처벌한다면 선의의 환자를 범죄자로 몰아갈 수 있는 위험성이 존재한다고 판시하거나, 입원의 필요성과 관련해서, 입·퇴원이 반복되고 수차례 외출했다는 정황증거만으로는 환자에게 보험사기의 고의가 있었다고 보기 어렵고, 입원치료의 필요성은 의학적 전문지식이 있어야 하는 것으로 의료인이 입원치료를 권하면 그 판단을 신뢰해야 하므로, 의심할 여지가 없는 정도의 증거를 제시하지 못하면 유죄의 의심이 가더라도 피고인에게 유리하게 판단하여, 환자가 입원의

8) 광주지법 2016고단2090 판결.

9) '21.3월 대법원은 살인·보험사기에 대하여 무죄를 확정하였고, 이후 보험금 청구 민사소송이 진행 중이다.

필요성이 없다는 사정을 인식하면서 보험사를 기망하였음을 증거로써 증명해야 한다.[10] 또한, 고의교통사고로 단순히 다수의 교통사고를 일으켜 보험금을 청구하였다는 사정만으로는 편취의사를 추단해서는 안 되고, 합리적 의심을 할 여지가 없을 정도의 증거가 없다면 유죄의 의심이 가더라도 피고인에게 유리하게 판단(무죄)하면서 '보험사기 혐의 정보 분석결과'는 고의사고를 유발했다는 의심을 가지고 본 분석일 뿐 그것만으로 증명되었다고 볼 수 없으므로, 이를 고의로 발생시켰다는 것을 증거로써 증명해야 한다고 판시한다.[11]

위와 같은 판례에서 나타난 법원의 동향은 선의의 국민이 처벌받지 않도록 고의의 증명을 중시하므로, 다수의 고액보험 가입, 과도한 보험료의 납입, 사고의 횟수, 사고 전후 사정 등의 간접사실을 증명하는 기존의 조사방식으로는 더 이상 처벌이 어렵게 되었다. 그간 보험사기의 조사는 입원일수가 적정일수보다 많다는 단순 숫자를 기준으로 보험사기 여부를 판단하고, 증명을 위해 통화기록, 신용카드의 사용내역 등으로 입원실에 부재한 사실을 입증하기 위한 증거수집에 주력하였으나, 해당 방식으로는 더 이상 법원에서 인정받기 어려우므로 입증방식의 전환이 필요하다. 과거의 입원일수, 사고횟수, 입원일수가 적정일수

---

10) 대전지법 2017고단955 판결 등.

11) 대법원 2021도1579 판결, 부산지법 2020노1480 판결 등.

보다 많다는 심평원의 입원적정성 심사 결과, 입원실에 부재한 사실 등과 같은 계량적인 증명 외에도 동일 환자라 하더라도 치료방법과 기간이 달라질 수 있는 점을 염두에 두고 의사의 퇴원 지시의 불이행, 검사 및 시술 거부 등 불성실한 치료자세, 특별한 이유 없이 거주지와 멀리 떨어진 특정병원에서의 장기간 입원, 사무장 의심병원에 반복입원 등 환자의 비정상적 행동을 통해 입원이 불필요하거나, 보험금의 편취목적을 증명하여야 한다. 고의사고의 경우에도, 단순히 교통사고 횟수나 비슷한 사고의 반복 발생보다는 운행 중 공범간 휴대전화의 사용(공모사기), 사전 물색행위, 양보운전 여부, 운전습관, 미수선수리비 수령 후 실제 수리 여부 등 운전자의 비정상적 행동을 통해, 사고의 고의성과 편취목적을 증명해야 한다.

개정 형사소송법은 검사작성의 피의자신문조서 증거능력을 제한하여 공판중심주의를 강화하였다. 이에 따라 수사기관은 혐의자가 공판정에서 부인시 증거능력이 없는 조서 작성보다는 고의 입증을 위한 증거수집 중심의 수사활동이 더욱 중요하게 되었다. 수사를 의뢰하는 측에서도 법원의 동향과 수사활동의 변화를 반영하여, 유효한 입증증거를 확보하는 데 중점을 두어야 한다.

3. 심평원의 입원적정성 심사

건강보험심사평가원은 요양기관이 요양급여 비용을 청구하면, 기준에 따른 청구 여부와 의학적·약학적 타당성, 비용효과성을[12] 심사하여 지급할 비용을 결정한다. 부수적으로, 보험사나 국토교통부 소관의 공제조합으로부터 자동차 사고와 관련된 진료비의 심사업무를 위탁받아 자동차보험의 심사업무도 수행한다.[13]

보험사기 수사와 관련된 입원적정성 심사는 피보험자의 입원이 적정했는지를 의료기록을 기반으로 심사하는 제도로, 보험사기방지 특별법을 근거로 수사기관이 심평원에 의뢰하고 심평원의 공공심사부에서 수행한다. 과다입원 유형의 수사시에는 수사기관이 심평원의 입원적정성 심사결과를 요구하는 경우가 많은데도, 특별법은 심평원을 심사가 가능한 단독기관으로 법정하여 심사적체와 처리지연이 심각하다. 심평원의 결과회신에 1년 이상 소요되는 경우가 많아 수사기관은 회신시까지 내사 및 수사를 중지하거나, 수사 후 심사결과를 첨부하지 않고 우선 송치하고, 추후에 심사결과를 별도로 추송하는 등 불완전한 수사종결

12) 투입비용과 대비하여 효과적인 방법으로 처치가 이루어졌는지 여부.

13) 심평원은 '13년 자동차보험 심사센터를 신설하여 보험회사(금융위 소관)와 공제조합(국토부 소관)으로부터 진료비 심사업무를 위탁받아 심사한다.

을 하게 된다. 수사관의 입장에서는 과다입원 유형의 보험사기는 속성상 고의 입증이 용이하지 않아 개인성과에 반영하기 어렵고, 단기에 결과가 나오지 않아 수사기일 연장 등의 부담이 있으므로 관련수사를 더욱 기피하게 된다. 보험업계 또는 일선 수사관들은 심평원에 대하여 심사인원을 확대하여 신속한 심사 진행을 요청하고, 언론과 국회도 개선의 필요성을 지속하여 제기하고 있다.

원래 심평원의 심사목적은 요양기관별(병원)로 입원을 중심으로 적정성을 판단하는 기관으로 개별환자(피보험자)에 대한 입원 적정의 심사에는 소극적인 입장이다. 심평원에 심사의뢰가 가능한 대상도 제한적으로 요양병원·노인전문병원, 외래(통원)진료, 중추신경계 손상(뇌졸중, 척수손상, 절단 등), 동일 환자에 대한 중복의뢰, 허위입원[14] 등은 심평원의 심사의뢰 대상에서 제외된다. 심평원은 병원 단위로 심사를 진행하므로, 예컨대, 개별환자가 경미한 요통으로 병원을 자주 옮기며 병원별로 2주 이내의 단기 입원을 반복하여, 3년간 총 839일을 입원한 경우에 적정판단이 나오는 사례가 있으므로, 사람별 심사기준을 마련하여 보완이 필요하다.

---

14) 신용카드 사용내역 등을 수사하여 허위입원이 확인되면 심사의뢰의 대상이 아니다.

개별환자에 대한 심사는 보험사기의 조사에 건강보험의 재정을 사용하는 것이므로 심평원, 수사기관, 보험사 간의 비용분담에 대하여 정리가 필요하다. 보험조사협의회(금융위)는 보험사기방지특별법에 근거를 마련하여 의뢰기관인 수사기관(경찰청)이 부담하고, 예산규모는 필요인력과 운영경비를 고려하여 조정하는 방안을 추진 중이나, 사실 비용부담을 해결하더라도 심평원의 심사와 관련된 근본적인 문제해소는 어려운 상황이다. 최근 법원이 보험사기의 성립요건을 엄격히 적용하면서, 심평원의 심사결과에 대한 증거능력을 제한하고, 제3자성(객관성)을 부인하는 판례도 있다. 법원에서 증거가치를 인정받기 위해서는, 심사자인 의사의 법원출석이 필요하나, 법원출석을 기피하여 전문증거로서의 가치도 인정받지 못한 사례가 있으므로, 신속한 심사의 진행, 평가의 객관성 확보 외에도 심사자의 법정출석을 담보할 수 있는 대책이 필요하다. 심사의뢰를 위해서는 관련서류의 확보, 분석 및 정리, 제출에 많은 시간과 노력이 필요하고 심사에 장기간이 소요되지만, 결과물에 대한 활용은 대폭 제한된다. 증거로서의 가치는 제반 사정을 고려하여 최종적으로 법원이 판단하는 것으로, 심사기관을 심평원 단일기관으로 제한할 이유는 없으므로, 입법적으로 제3의 분석기관을 허용할 필요가 있다.

4. 보험사기 피해자의 구제

법규위반 차량을 대상으로 한 고의사고 유발, 가피 공모, 칼치기, 뺑소니 위장 사망사고 등 자동차를 이용한 보험사기는 직접적으로 교통안전을 위협하고 수많은 피해자를 양산한다. 교통사고 가해자는 형사처벌, 면허 행정처분(취소, 정지, 벌점 등), 교통안전교육의 이수, 보험료의 할증 등 각종 불이익을 받는다. 교통사고로 처리가 종결되었으나, 추후에 보험사기로 밝혀지면 고의교통사고의 유발에 대한 형사책임과 면허취소 등 사후조치와 억울하게 교통사고의 가해자로 몰린 보험사기 피해자에 대한 구제가 필요하다.

현행법상 새로 밝혀진 보험사기범에 대하여 고의사고에 대한 형사책임, 운전면허 취소 등 행정처분을 하기 위해서는 명확한 법률근거의 마련과 수사기관의 적극적인 의지가 필요하다. 피해자의 구제 중 형사구제를 별론으로 하면 행정구제는 장기간의 경과로 실익이 없는 경우가 대부분으로,[15] 현재로서는 피해자에 대한 보험료 할증의 취소 외에는 실질적인 구제가 이루어지지 않는다. 금감원은 '09년부터 보험회사가 보험사기 피해사실을

15) 면허벌점, 면허정지·취소, 교통안전교육, 결격사유 등의 관리기간은 3년 이내가 대부분이므로, 장기간 경과시에 구제실익이 거의 없다.

확인하여 혐의자가 사기를 인정하거나, 1심 판결에서 보험사기로 확정된 건 등 환급기준에 부합하면, 할증된 보험료를 환급하는 제도를 시행 중이다.

수사기관은 교통사고로 종결처리한 사건에 대하여 추후 법원에서 보험사기로 유죄판결을 받더라도 해당 사실을 알 수 없다. 보험사, 피해자 등 이해관계자가 판결문을 수사기관에 제출하여 사후에 보험사기를 인지하더라도, 처벌과 피해자의 구제를 위해서는 과실로 처리된 교통사고를 보험금을 노린 고의사고임을 입증해야 하므로 재수사가 필요하다. 판결문은 피고인(보험사기범이자 원 교통사고의 피해자)에 대한 판결이기 때문에 보험사기의 피해자(원 교통사고의 가해자)는 판결문에 명확히 드러나지 않으므로, 판결내용을 근거로 수사기관의 전산시스템상 처리내용과 관련자를 확인하여 사건의 동일성을 판단하고 재조사의 개시 여부를 결정해야 한다.

통상, 보험사기범의 확정은 범행의 실행, 조사나 수사, 재판 등 장기간이 소요되고, 범죄행위시를 기점으로 5년 이상이 경과한 경우가 많다. 장기간이 경과한 사건의 재수사는 공소시효의 문제, 참고인 등 관련자에 대한 조사의 곤란, 관련서류의 망실로 사실관계 확인의 한계, 확정판결에 대한 재심절차, 일사부재리 원칙에 의한 중복처벌,[16] 재조사의 실익 등이 문제된다. 고의교

16) 법규위반 차량을 대상으로 고의사고를 유발하여 쌍방과실로 처리되어 처

통사고를 악용하는 보험사기는 상습성이 있는 범죄로 반복범행이 많고, 역할이나 관여도에 따라 정범이나 공범, 교사·방조범 등 다양한 형태로 많은 사람이 관여되므로, 이론적으로는 판결당 수십건 이상의 재수사가 필요할 수도 있다. 재수사는 잘못된 것을 바로잡는 과정으로, 신규사건의 처리보다 더 많은 노력과 시간이 소요되어 수사기관의 과부하로 연결되므로, 수사기관의 적극적인 대응을 기대하기는 어렵다.

새로 밝혀진 보험사기범에 대한 면허취소 등 행정처분을 위해서도 결국은 재조사로 고의사고임을 밝히는 것이 우선이다. 도로교통법은 고의교통사고의 유발, 자동차 등을 범죄의 도구나 장소로 이용하여 살인·사체유기 또는 방화, 강도·강간 또는 강제추행, 약취·유인 또는 감금, 상습절도(절취한 물건을 운반한 경우), 교통 방해시(단체 또는 다중의 위력으로써 위반한 경우에 한함) 면허취소를 규정한다.[17] 동 조항은 고의입증을 전제로 적용하는 것으로, 현행법상 판결문에 나타난 보험사기행위만을 직접근거로 고의사고에 대한 형사책임을 지우거나 면허취소처분을 할 수는 없다. 사실, 자동차를 이용한 보험사기는 사체유기 등 자동차를 일시적으로 범행에 도움이 되는 도구로 이용한 경우와 비교한다면, 고의교통사고는 자동차를 더 직접적인 범죄도구로 상습

벌을 받았다면, 추후 중복처벌의 문제가 제기될 수 있다.

17) 도로교통법 제93조.

적으로 이용한 것이므로, 자동차를 이용한 보험사기가 법원판결로 확인이 되는 경우는 고의사고에 대한 형사책임과 면허취소 등 신속한 행정처분으로 추가피해를 방지하고, 피해자를 구제해야 할 필요성이 크다. 통상, 행정처분은 확정판결을 근거로 하나 뺑소니 교통사고, 음주운전 등 행위 자체가 객관적으로 명확하여 다툼의 소지가 없거나, 사안이 중대하여 신속한 조치가 필요한 경우에는 수사기관의 송치시점 또는 기소시에 선조치로 우선 행정처분을 하는 경우가 있으므로 이를 참고하여 입법적인 해결 방안을 고려할 필요가 있다. 형사처벌은 엄격한 고의의 입증을 요하므로, 보험사기에 대한 법원의 확정판결만으로 바로 고의교통사고의 책임을 묻기 어렵다면, 보험사기에 대한 확정판결이 있는 경우 보험사기자에 대하여 조사개시의 의무를 부여하거나, 판결을 근거로 면허취소처분, 피해자의 구제를 할 수 있도록 도로교통법에 명시적인 근거를 마련할 필요가 있다. 잘못된 처벌을 바로잡아 사기범을 처벌하고 억울한 피해자를 사후 구제하는 것은 형사정책적으로 필요한 문제이나, 이런 유형의 사고를 사전에 예방할 수 있도록 시스템을 정비하는 것은 더욱 중요하다.

5. 경미사고와 마디모(Mathematical Dynamic Modelling)

마디모 프로그램은 경미 충돌로 인한 교통사고와 상해의 인과

관계를 가려 형사재판에 제출하기 위해 사용되는 감정기법으로, 진술 등으로 확보된 기본적인 조건을 입력하여, 보정된 결과치로 자동차 탑승자의 상해 여부를 판단하는 것으로, 국과수와 도로교통공단에서 해당 프로그램을 운영한다.

경미한 교통사고로 피해자가 과도한 상해를 주장하거나 차량 간 사소한 접촉사고로 입원하는 경우(소위 나이롱환자)에 가해자의 입장에서는 실제피해 이상의 결과에 대한 책임은 부당하므로, 이에 대한 방어 및 권리보호의 수단으로 이용되는 측면도 있다. 반면, 보험사가 보험금의 지급이나 부지급에 활용할 목적으로 가해자를 부추겨 신청을 남용하거나,[18] 피해자를 압박하는 수단으로 악용되어 피해자의 권리보호에 소홀하고 경찰업무에 부담을 초래한다는 비판도 있다.

상해 여부나 정도에 따라서 가해자는 형사처벌이나 행정처분을 받는 수준과 보험료할증 수준이 결정되고, 피해자는 검사비, 치료비, 보험금 지급 등 보상수준이 달라진다. 특히, 입원시에는 위로금, 합의금, 보험금 등의 보상수준이 달라지므로 입원을 부추기는 원인이 되기도 한다. 보험사는 마디모 결과에 따라 상해가 없음을 이유로 합의를 종용하거나, 보험금을 적게 지급하기

18) 백미러에 팔이 스치면 차량 간의 충돌사고가 아니므로 마디모 내상이 아니나, 부추김으로 신청하는 사례가 있다.

도 하고, 소송을 제기하기도 하므로, 교통사고의 피해자는 치료비나 보험금을 제대로 받지 못해 피해를 호소하는 예도 있다. 대부분의 보험사는 마디모 검사의 결과와 상관없이 상해에 대한 검사비 정도는 지급하나, 일부 보험사는 마디모 검사 결과로 상해가 없다는 결과가 나오면, 상해 여부를 판단하기 위한 필수적인 진료나 기본검사비조차도 지급하지 않아 분쟁이 발생하기도 한다.

마디모는 원칙적으로 형사재판에 제출하여 형벌을 정하기 위하여 사용되는 감정기법으로, 보험사는 마디모의 검사결과를 직접 볼 수 있는 권한이 없으므로, 감정 결과가 일부 반영된 교통사고 사실확인원 등을 통해서 간접적으로 상해 여부를 확인하여 이를 근거로 상해가 인정될 때는 가해자에 대한 할증조치를 하고, 상해가 없으면 할증을 제외한다.

마디모의 검사결과를 보험금 지급과 관련된 민사상의 다툼이나 분쟁에 그대로 활용하는 것은 문제소지가 있을 수 있다. 판례상 자연적 치유가 가능한 통증은 형법상의 상해에 해당되지 않으므로 형법상의 상해와 자동차 손해배상법상의 부상의 법적 의미가 다르고, 마디모는 충돌과 상해 간 인과관계를 분석하는 프로그램이므로 후유증의 판별은 할 수 없다. 보험사 및 교통사고 가해자의 입장에서는 상해에 대한 기본적인 관점이나 기초적인 판단내용은 민사사건이나 형사사건에서 차이가 없고, 오히려 사법절차상 처벌을 전제로 한 형사사건의 감정서 성격인 마디모가 더 엄격하므로, 상해가 없었다는 점에 대해서는 민사건에 그대로 원용하더라도 문제가 없다고 한다. 더 많은 보상을 위하여 피해과장이 일반화된 현실을 고려하여 마디모를 적극적으로 활용할 필요성이 있고, 보상의 범위에 차이가 나타나는 향후 후유증 부분은 별도의 보상절차로 따로 해결할 수 있다고 주장한다.

현행법체계상 형사와 민사는 증거의 엄격성, 채택절차 등에서 명확히 구분된다. 의사의 대면 진찰로 상해 소견이 있다고 판단하는 것을, 일정한 조건을 입력하여 결과치를 보정하는 프로그램으로 부정하는 것은 현장의사의 판단을 신뢰하는 법원판례의 흐름과 배치되고, 사안에 따라 특수사정을 반영하지 못해 억울한 피해자가 발생할 우려가 있다. 상해와 인과관계가 없는데도 향후 치료비를 따로 정하는 것은 논리적으로 맞지 않는 면도 있다. 실무적으로, 국과수의 회신내용은 모호한 답변이 많고,[19] 담당 경찰관에 따라 상해 여부에 대해 해석과 판단이 달라질 수도 있는데도, 보험사가 결과 여부만 기재된 교통사고 사실확인원에 근거하여 상해 유무를 결정하는 것은 시비의 소지가 있다.

마디모 활용의 필요성이 인정되더라도 무분별한 신청을 막기

19) "상해 없음, 단 수일 내에 불편함은 있을 수 있다"라는 식의 감정 결과.

위해서 경찰도 마디모의 신청 및 접수기준을 정비할 필요가 있다.[20] 마디모의 감정 결과를 경찰관이나 보험사가 자의적으로 해석하는 것을 줄이기 위하여 통일적인 해석기준을 마련하여, 교통사고 사실확인원에 반영하는 노력이 필요하다.

20) 블랙박스로 보험사기 의심이 확인되는 사고, 사고와 부상 간의 인과관계가 없는 경우(팔·후사경 경미접촉 후 허리통증 호소) 등에 대하여 마디모 신청을 방지하기 위해 기준이 필요하다.

제3장

보험사기의 수사

1. 보험사기 수사의 특성
2. 수사환경의 변화
3. 수사의 의뢰방식
4. 수사경찰관 설문조사
5. 보험사기 수사와 탐정(PI)
6. 특사경의 도입

1. 보험사기 수사의 특성

보험사기 수사는 일반범죄와 달리 첩보의 수집·분석, 내사 등 사전준비와 수사자료를 확보한 후에도 의료차트 등 전문내용의 분석이 필수적이므로 수사에 장기간이 소요된다.[1)]

보험사기는 난해한 보험상품 및 해당 약관에 대한 전문적인 지식을 이용하여 보험사고의 발생과 사고내용을 조작하는 지능범죄이다. 보험사고를 과실 뒤에 숨기면 선의를 전제로 한 보험제도의 속성상 고의입증이 어려운 분야로, 생명·상해·자동차보험에 대한 지식과 의료, 자동차, 상해에 대한 전문지식이 필요하다. 예컨대, 임플란트 식재의 경우, 최신기법인 네비게이션(무절개) 수술은 잇몸뼈의 양과 밀도가 적당해 뼈이식의 필요가 없어 무절개로 하는 것으로, 절개가 필요한 치조골 이식술을 동시에 했다면 처음부터 네비게이션 임플란트 방식을 선택할 이유가 없다. 치조골 이식술의 경우, 과거에는 허위로 진단서 및 진료기록부를 작성한 사실을 확인하기 위하여 동종골 이식재의 스티커를 중복하여 사용하는 수법이 주를 이뤘으나, 최근에는 여러

1) 치안정책연구소는 보험사기 수사의 평균 소요시간은 454시간(2014년 기준)으로, 일반사기 건당 평균 수사시간 20시간(2012년 기준)에 비해 약 22배 소요된다고 분석하였다(경찰의 보험범죄 대응실태와 수사역량 제고 방안, 23~25p, 2014년 치안정책연구소, 정웅 연구원).

부위를 당일 수술하고 일괄적으로 수차례 파노라마를 촬영하여, 조작한 수술일에 맞춰 업로드하는 등 조작기법이 더욱 정교해지고 지능화되고 있으므로 보험사기 수사를 위해서는 의료지식과 최신 의료장비의 사용법, 사용기준 등에 대한 전문지식이 필요하다.

민·공영보험 간에 연계되어 있는 실손보험사기의 수사는 민영·공영 간 보험금의 지급자료, 수술자료, 의무기록, 신청 병명 및 코드, 청구내역과 실제 처치내용 등 병원 또는 개인을 대상으로 확인해야 할 내용이 방대하다. 조사에 필요한 자료는 개별 보험사, 금감원, 건강보험관리공단, 심평원, 신용정보원, 근로복지공단, 각종 공제회, 우체국, 병원 등 다수의 기관이 가지고 있고, 수사기관도 보험금 지급원인이 되는 보험사고에 대한 접수내역과 수사자료가 있다. 보험사기 조사에 필요한 관련자료는 관계기관과의 협업, 혐의자의 동의에 의한 임의제출, 또는 압수수색으로 확보할 내용이 대부분으로 수사과정이 복잡하여 장기간이 소요된다.

최근 사회문제가 되는 사무장병원은 노골적인 보험사기를 목적으로 병원을 설립하고, 전문브로커를 고용하여 영업활동으로 환자를 모집하는 등 대형화·조직화되어 있다. 사무장병원의 적발은 개설자금의 출처, 수익의 분배 등 자금의 흐름을 중심으로 내부역할 및 상호간의 관계파악이 혐의입증을 위하여 중요하다.

그러나, 건강보험공단의 행정조사나 수사기관의 수사가 시작되면 자진 폐업, 진료기록부 폐기, 휴원신고, 명의변경으로 증거를 인멸하고 수사 및 행정처분을 회피한다. 보험사기는 전문직 종사자가 공모, 방조, 묵인 등의 형태로 직·간접적으로 개입하고, 의료인, 보험업관련 종사자(보험설계사, 손해사정사), 자동차 정비업자 등 전문직의 관여행위가 재량범위 내에 있거나 전문가의 판단영역에 해당되면 고의입증이 어렵다. 예컨대, 의사의 지도나 관리하에 각종 의료행위를 할 수 있도록 규정하는 경우에 의사의 임장여부 등 적정한 지도감독에 대한 사후확인이 곤란하다. 이와 같은 환경에서, 환자는 원하는 진단서 등을 잘 발급해주는 병원을 수소문하여 특정병원을 이용하고 이익을 함께하여 병원과 브로커, 고객 간에 공범관계가 성립하게 되면 관련자에 대한 진술확보가 어렵고, 병원측이 조직적으로 환자의 수사협조를 막는 사례도 있다.

소극적 보험사기의 일종인 상법상 고지의무의 위반이 형법 제347조의 사기 또는 보험사기방지 특별법 제8조 보험사기죄의 구성요건을 충족하면 형사처벌은 당연히 가능하나, 개인에 의한 고지의무 위반 등과 관련된 연성보험사기는 고의의 입증이 난해한 분야이다. 피보험자가 고지의무 위반으로 인한 보험계약의 해지를 우려하여 해지 제척기간(3년) 동안 발생된 보험금을 미청구한 상태로 제척기간을 경과한 후, 고지의무 위반건 병력과 연관성이 있는 병명,[2] 또는 고지의무 위반건 병력과 연관성이 미흡한 병명으로도[3] 보험금을 청구할 수 있다. 이 경우에 고지의무의 위반시점부터 장기간이 경과한 이후에 조사를 시작하게 되고 고지의무의 위반이 보험사기의 요건을 충족하는지, 보험가입시 질문표 허위기재가 기망행위에 해당하는지, 보험금 청구가 기망행위에 해당하는지, 고지의무 위반과의 인과관계의 성립 여부, 최종 보험사기 금액의 산정 여부[4] 등 일반적인 사기와는 다른 특성을 확인하여 고의를 입증해야 한다.

대법원은 고지의무의 위반사실과 보험사고 사이에 인과관계를 조금이라도 엿볼 수 있는 여지가 있다면 양자간의 인과관계를 인정해야 하나, 예컨대, 가입시 기왕증인 고혈압, 뇌경색을 고지하지 않아 고지의무의 위반이 명백한 경우에도 고지의무 위반 당시 5년 후 만성비염 치료를 위한 수술의 필요성을 예견했다고 보기는 어려워, 가입시 질문표 허위기재가 고지의무 위반을 넘어 보험금 편취의 기망행위에 해당한다고 볼 수 없고, 기왕증인 고혈압, 뇌경색과 보험사고인 만성비염 치료를 위한 비중격 교

---

2) 요추 추간판탈출증(고지의무 위반) → 추간판 장애로 입원(제척기간내 미청구) → 외상관여도 100%인 척추 기형장애로 보험금을 청구한 경우.
3) 만성 추간판 전이(고지의무 위반) → 경추간판 장애로 입원(제척기간내 미청구) → 만성비염 및 비중격 만곡증으로 수술 후 보험금을 청구한 경우.
4) 고지의무 위반이 명백한 경우에도 제척기간 중 미청구한 보험금은 보험사기 금액에 포함되지 않는다.

정술은 넓게 해석하더라도 인과관계를 인정하기 어렵다고 판시하여, 보험계약 체결시 보험사고에 대한 막연한 예견가능성만을 가지고는 기망행위의 고의를 인정하지 않는다(대법원 2010도6910 판결).

반면, 수사를 주로 의뢰하는 금감원, 보험사는 조사에 필요한 자료요청 권한이 제한되어 엄격한 개인정보보호 법규로 조사에 필요한 데이터의 확보가 곤란하고, 분석기법상 한계로 수사의뢰 시에 혐의에 대한 구체성이 부족하다. 보험사기의 조사는 보험사고 후 장기간이 경과되어 착수하는 경우가 대부분으로, 현장 확인의 곤란, 사건관계자의 부재, 관련서류의 망실 등으로 관련자의 불확실한 기억이나 진술·자백에 의지한 수사를 하게 되어 유효한 입증증거의 확보가 어렵다. 예컨대, 보험금을 노린 계획적인 고의방화사건은 치밀한 사전준비와 화재진화 과정에서 현장 훼손으로 직접증거의 확보가 어려운 경우가 많다. 초기에 단순한 실화로 접근하여 화재의 원인, 화재 전후의 상황, 혐의자의 재정상태, 보험가입 내역, 주변 CCTV의 확보, 행적 및 주변 목격자 등에 대한 조사가 적시에 충분히 이루어지지 않는다면 추후에 신빙성 있는 제보가 있더라도 혐의의 입증이 어렵게 된다. 보험금을 노린 혐의가 있는 많은 미제 살인사건 중 초기에 충분한 조사가 이루어지지 못한 상태에서 사고사로 종결되어 사체의 소각 또는 현장증거가 멸실되어 추후 간접적인 정황과 심증만 있을 뿐 입증증거가 없는 사례가 많다.[5] 수사기관은 수사의뢰시에 구체적인 분석결과나 핵심적인 입증증거를 요구하거나, 반복청구와 같이 고의입증의 가능성이 어느 정도 있을 때에만 수사를 착수하는 경향을 보인다.

보험사기 수사는 수사기관의 적극적인 인지보다는 보험회사, 금감원 등의 고소 또는 수사의뢰에 의하여 수동적으로 이루어지고, 수사가 어려운 만큼 수사의 기피 및 미진행, 소극적인 진행, 불완전한 수사종결 등을 할 수 있는 요인이 많다. 수사관이 보험·의료 지식이 부족하거나 신속한 사건처리의 압박을 받으면, 충분한 조사 없이 무혐의, 내사종결, 불송치결정 등 부적절하게 처리할 소지는 더욱 커진다. 비슷한 수준의 혐의 및 증거의 제공에도 수사관서 및 수사관에 따라 기소 여부가 달라지거나, 기소시의 혐의금액에도 상당한 편차가 발생하는 등 수사결과가 수사관 개인의 의지, 역량, 노력에 따라 좌우되는 경향이 있다. 여기에, 보험사를 위해 돈을 대신 받아준다거나 보험사가 상대방에 대한 압박 목적으로 수사의뢰를 남용한다는 수사기관의 부정적인 인식, 피해자(보험사)의 간접성, 보험사의 책임론 등 수사에 소극적으로 임할 수 있는 요인이 많다.

---

5) '14년 캄보디아 아내 사망사건은 최초 교통사고 사망사건으로 처리되면서 별도의 부검 없이 3일만에 시신을 곧바로 화장하였고, 추후 보험금 청구과정에서 95억원을 노린 살인사건으로 의심되어 보험사의 제보로 중요한 단서가 사라진 이후에 수사를 개시하였다.

2. 수사환경의 변화

2016년 보험사기방지 특별법의 시행 이후, 일부 시도경찰청은 보험사기 전담수사팀을 신설하고, 관련기관간 협의체를 구성하여 협업을 강화하는 등 보험사기에 대한 수사기관의 관심이 다소 향상되었다. 현재 진행 중인 검·경 간 수사권의 조정과 검사작성의 피의자신문조서의 증거능력을 제한하는 개정 형사소송법의 시행으로 향후 보험사기 수사에 변화가 예상된다. 제1차 검·경 수사권 조정은 경찰에 대한 검찰의 수사지휘를 폐지하여 검·경 간의 관계를 원칙적으로 상호협력관계로 설정하였다. 검찰의 직접수사 범위를 부패, 경제, 공직자, 선거, 방위산업, 대형참사 범죄 6개 분야와 경찰관 범죄, 경찰의 송치범죄로 제한하고, 경찰은 1차적인 수사종결권으로, 수사 후 검찰송치 또는 불송치를 결정하여 자체 수사종결을 할 수 있다. 다만 경찰의 불송치결정건은 검사가 기록을 검토한 후, 90일 내 재수사 요청이 가능하다.

경찰 수사권의 확대에 따른 비대화 우려가 있어 국가경찰을 국가수사본부, 국가경찰, 자치경찰로 3원화하여 분리하고, 명칭도 국가경찰을 전제한 지방경찰청에서, 자치경찰의 요소를 반영하여 시도경찰청으로 변경하였다. 수사는 국가수사본부를 정점으로, 전국 시도경찰청 중심의 수사체제로 개편하고,[6] 시도경찰청의 수사조직을 대폭 확대하였다. 기존에 주로 시도경찰청의 係단위 규모인 지능범죄수사대, 광역수사대를 課단위의 규모로 확대 또는 신설하여 경제범죄수사과, 금융범죄수사대, 강력범죄수사대, 반부패경제범죄수사대, 광역수사대 등 다양한 명칭으로 경제범죄에 대한 수사조직을 대폭 강화하였다. 최근 강력범죄 등 대응에 물리력이 필요한 수사의 수요가 줄어드는 경향으로 향후 배치전환으로 경제범죄에 대한 수사조직이 더욱 강화될 수 있는 환경이다.

'22.5월, 기소권과 수사권의 분리(기수분리)는 검찰의 직접수사 범위를 더욱 제한하여, 경제, 부패범죄, 경찰송치범죄의 보완수사, 경찰 및 공수처 소속 공무원의 직무에 관한 범죄로 한정하였다. 경찰의 사건송치는 과거 검사의 최종적인 처분을 위해 송치하는 개념에서, 기소 또는 수사의 보완, 이의신청에 따른 권리구제에 중점을 두는 개념으로 관점이 변경되어, 검사는 경찰에서 송치받은 사건을 제외하고는 자신이 수사를 개시한 사건에 대하여 공소제기를 할 수 없게 하여 수사와 기소의 분리를 강화하였다. 별건수사를 금지하기 위하여, 형사소송법을 개정하여 송치사건에 대해서 일정한 요건 하에,[7] "동일성을 해치지 않는 범위에

6) 경찰청은 국가수사본부장이, 시도경찰청은 수사부장(차장)이 수사를 담당한다.

서"만 검찰의 보완수사가 가능하도록 제한하였다. 향후, 사법개혁특별위원회의 활동으로, 수사기관의 공정성과 중립성에 대한 사법적 통제를 강화하고, 중대범죄수사청에 대한 설치 논의의 향방에 따라 검찰의 직접수사를 더욱 축소하거나 완전폐지하는 등 수사기관 간의 권한의 조정 등 변화가 있을 수 있다. 한편, 광역자치단체장도 자치경찰의 확대와 직접운용권을 요구하고 있어, 논의에 따라 보험사기의 수사에 영향을 미칠 수 있다.

검사가 작성한 피의자신문조서의 증거능력을 제한한 형사소송법의 시행으로 수사관행의 변화도 불가피하다. 종전에는 검사 작성의 피의자신문조서에 대한 증거능력을 인정함으로써, 자백중심 및 강압수사의 원인이 되고, 수사활동도 주로 피의자가 자백한 내용을 뒷받침하기 위한 증거수집을 중심으로 이루어졌다. 그 결과, 수사기관에 의하여 사건의 조작이 발생하고 유·무죄의 실질적인 판단이 수사단계에서 이루어져, 재판이 형해화되는 문제점을 개선하기 위하여 공판중심주의를 강화한 것이다. 향후 보험사기와 관련된 수사활동에서도 피의자를 압박하여 자백을 강요하거나 당사자 부인시 증거능력이 없는 조서의 작성보다는 재판에서 유효한 증거수집을 위해 현장 중심의 수사가 중요하게 되었다.

---

7) 검사가 경찰에 한 시정조치요구가 이행되지 않은 경우, 적법절차 없이 체포, 구속 정황이 있는 경우, 고소인의 이의신청이 있는 경우에 한한다.

보험사기의 수사의뢰 방식에도 변화가 있다. 국가수사본부는 보험사가 구체적인 혐의나 증거 없이 청탁성 수사의뢰를 방지하기 위하여 수사의뢰의 창구를 시도경찰청으로 제한하여 시도경찰청 민원실을 거쳐 수사계에 접수하고, 사건의 중요성 및 관할을 고려하여 시·도경 또는 산하 경찰서로 배당한다. 그간 보험사의 무분별한 청탁성 수사의뢰, 상대방 압박을 위하여 수사기관을 악용하는 문제를 개선하기 위한 것이나, 사건을 무작위로 배당하여 보험사기에 대한 수사경험이나 지식이 부족한 수사관이 담당함으로써 전문화 추세에 역행하고, 미흡하게나마 지금까지 갖추어진 수사 인프라가 급격히 약화되어 보험사기 수사가 위축될 수 있는 환경이다.[8] 행정기관의 내부공문으로 접수창구를 일원화하여 형사소송법상 보장된 고소권을 제한하는 것은 문제의 소지가 있다.

경찰은 국가수사본부의 출범 이후, 시도경찰청의 수사조직을 확대하여 자본시장법 위반 등 주요 경제범죄 분야로 적극적인 확장이 예상된다. 보험사기에 대한 수사기관의 관심도는 긴급현안(마약, 전세금사기, 건설조폭 등) 또는 사회적 약자의 보호 이슈(issue)가 있는 다른 금융범죄(유사수신, 전화금융사기 등)에 비하여 중요도, 긴급성 등에서 불리한 여건이다. 보험사기 수사를

8) 그간 보험사기 전담팀의 창설, 전문수사관의 확보, 전문교육 기회의 확대 등 대응역량의 강화를 위한 노력이 있었고, 미흡하게나마 결실이 있었다.

꺼리거나 소극적인 수사 후 불송치결정 등의 사건종결이 늘어날 수 있는 환경으로,[9] 보험사기 수사에 대한 관심 유지가 필요한 상황이다.

3. 수사의 의뢰방식

보험사기방지 특별법은 금융위원회, 금감원, 보험회사의 관할 수사기관에 고발 또는 수사의뢰를 규정하고 있다. 통상, 국가기관의 경우 고발의무가 있으므로, 금융위원회에 관해서는 확인·선언적 의미를, 금감원은 고발 및 수사의뢰 의무를 형성적으로 부과하는 규정으로 이해된다. 넓은 의미로 수사의뢰는 고소, 고발, 수사의뢰를 포함하여 사용하나, 법령상·실무상으로는 고소·고발이나 수사의뢰를 구분하여 사용하는 경우가 많다. 형사소송법상 고소·고발은 사건의 신속한 처리의무, 사건처리결과의 통지의무 등을 규정하나, 약한 형태의 수사의뢰는 수사의 단서에 불과해 수사기관은 사건처리에 다소 여유가 있다. 통상 금감원, 보험사의 수사의뢰 형식은 정식 고소나 고발보다는 수사기관과 사전협의 후 공문의 송부 또는 첩보의 제공 형식으로 분석자료를 송부하므로, 실질은 수사단서를 제공하는 약한 형태의

9) 불송치결정에 검사는 재수사 요청, 시정조치를 요구할 수는 있으나, 실질적으로 경찰에서 종결되게 된다.

수사의뢰로 볼 수 있다.[10] 이 경우 신속한 처리 의무, 결과 통지 의무가 없어 수사가 미진행되고 장기화되는 요인이 되기도 한다.

실무적으로, 수사의뢰시 수사관할권의 존부는 수사의 성패를 가르는 중요한 요소임에도, 보험사기 수사는 수사관의 의지와 전문성이 없으면 진행이 어려워, 수사경험이 있거나 아는 수사관에게 청탁성으로 수사를 의뢰하는 경우가 많다. 사건과 관련성이 없거나 관할권이 약한 관서는 수사관의 수사의지가 있더라도 청탁수사에 대한 논란 또는 관련자가 이의를 제기하면 수사동력이 급격히 약해질 우려가 있다.[11] 보통의 경우 수사기관은 과중한 사건부담에서 빨리 벗어나기를 선호하고, 수사를 지휘·관리하는 입장에서도 적극적으로 수사지휘를 할 이유가 없으므로, 관할권이 있는 타관서에 이송하여 종결하는 등 소극적으로 대처하게 된다. 관할권이 미약하면 수사진행시 압수·수색영장 청구, 참고인 조사 등의 수사활동과 사건송치, 재판시에도 지속적으로 문제를 야기한다. 압수·수색영장, 구속영장의 신청과 청구, 발부, 기소 및 재판은 정당한 관할을 전제로 하므로, 관할이 약하면 원할한 수사진행이 어렵고, 혐의자가 관할권이 있는 수사관서로 사건이송의 요청을 시간의 지연 및 수사 회피의 목적

10) 실무적으로, 보험사 등의 수사의뢰는 정식 고소보다는 수사기관에 첩보제공 등의 형태로 의뢰하는 경우가 많다.

11) 관할권이 약한 경우, 관리자에게 수사의 필요성을 설득해야 하고, 의문 제기시 수사동력을 상실할 우려가 크다.

으로 악용하는 사례도 흔하다. 청탁성 수사의뢰는 수사의뢰를 빌미로 상대를 압박하고 합의유도에는 도움이 될 수도 있겠지만, 수사 중 합의로 수사동력을 잃게 되어 보험사기 수사를 기피하는 원인이 된다.

수사의뢰시 원칙적으로 피의자별로 범죄사실을 구분하여, 주된 관할권이 있는 사건의 발생지나 피의자 주거지의 수사관서에 의뢰하여야 하고, 다수 혐의자 또는 혐의자 1인이 여러 관할에 거쳐 범죄장소가 관련된 경우에 사건의 비중이나 중요도가 가장 높은 수사관서에 의뢰하여야 한다. 기획조사 형식의 보험사기 분석은 집적된 데이터를 기반으로 특정기간 내에 일정횟수, 일정금액 이상을 편취한 대상자를 추출하는 방식을 주로 사용하므로 선별된 혐의자 상호간에는 관련이 없는 경우가 대부분이다. 원칙적으로 상호간에 관련이 없는 다수의 혐의자는 피의자별로 범죄사실을 구분하여 피의자의 주거지나 사건발생지에 각각 수사의뢰를 하여야 하나, 불가피하게 동일한 수사관서에 일괄적으로 의뢰하는 경우가 있다. 이때에도, 혐의자별로 범죄사실을 구분하여, 수사기관이 필요시 관할권이 있는 관서로 이송하여 신속한 수사진행이 되도록 하여야 한다. 수사의뢰의 대상부서도 종전의 지능팀 편중에서 경제팀, 교통, 외사 등 다양한 부서를 활용하여 수사의 외연을 확대하여야 한다.

수사의뢰의 내용도 고려하여야 한다. 분석기법상 의심이 되는 특정기간 내의 모든 청구행위를 포괄적인 사기행위로 판단하여 일괄적으로 수사의뢰하는 경우가 있다. 장기간 입원 또는 반복 통원으로 행위가 지속적·반복적으로 이루어지는 경우에는 단일한 고의에 의한 일련의 행위로서 지급받은 보험금 전체에 대해서 사기죄가 성립하여(대법원 2008도4665 판결) 포괄일죄를 구성하는 경우가 있으나,[12] 보험사기는 원칙적으로 청구건마다 개별적으로 성립하는 것으로, 특정기간 내에도 정상적인 청구와 비정상적인 청구가 혼합되어 있는 경우도 흔하다. 예컨대, 병원에서 정상적으로 진단서를 발급받아 보험금을 신청하고, 이후에 同진단서의 내용을 변조하여 수회에 거쳐 반복 신청하고, 또다시 새로운 정상진단서를 발급받아 신청하고, 同진단서를 변조하여 반복 신청하는 경우에 모든 건을 포괄·일괄하여 수사를 의뢰하면 피의자의 반발과 민원의 소지가 있으므로, 단일한 고의에 의한 포괄일죄가 아닌 경우에는 정상적인 청구건을 제외하여야 한다.

수사의뢰를 전후한 언론브리핑 등의 홍보는 수사기관과 갈등요인으로 작용할 수 있다. 실무적으로 보험사기와 관련된 홍보

12) 10년 동안 수천회의 통원치료를 한 경우, 기망행위를 수단으로 한 권리행사는 권리행사의 수단으로서 용인할 수 없어 사기죄를 구성하고, 그 행위들이 단일한 고의에 의한 일련의 행위들로서 포괄일죄에 해당하여 공소시효는 최종의 범죄행위가 종료한 때부터 진행한다(대법원 2021도6265 판결).

는 대부분 각 기관이 수사의뢰 전에 독자적으로 발표하여 홍보 효과가 약할 뿐만 아니라, 기관간 공조에 갈등과 오해를 불러온다. 수사기관은 금감원, 건강보험공단이 통상적으로 시행하는 언론홍보, 사전 브리핑 등에 대해 수사의 기밀성 침해, 증거인멸 및 모방범죄를 우려한다. 특히, 수사의뢰 전에 혐의 또는 개연성에 불과한 내용을 구체적인 수법, 범죄사실, 사건관련자를 특정하여 적발 등 단정적인 뉘앙스로 발표하는 것은 무죄추정의 원칙에 반하고, 명예훼손 또는 인권침해로 형사 및 민사책임을 부담할 소지가 있다. 원칙적으로 수사가 필요한 보도자료는 홍보성 보도자료와 구별하여, 수사 전에는 되도록 보도를 자제하고 최종 수사결과에 대하여 공동 브리핑을 하는 것이 바람직하다. 사전 언론홍보가 필요하다면, 범죄수법에 대한 수위조절, 보도시기 등에 대하여 수사기관과 사전협의하여 공동보도하고, 그 외에는 수사종결 후 합동브리핑을 고려할 필요가 있다.

4. 수사경찰관 설문조사

보험사기방지 특별법 시행 이후, 수사환경의 변화에 대응하고, 수사의뢰, 분석 질의 향상, 수사 및 교육지원에 참고하기 위하여 전국에서 보험사기 수사를 담당하는 경찰관을 대상으로,[13)]

13) 총 470명, 수사 59%(278명), 교통 30%(139명), 형사 8.5%(40명).

수사의지 및 관심도, 난이도, 애로사항, 전문성 향상방안 등 총 33개 문항으로 조사하였다.[14)]

설문조사 결과, 보험사기 수사 경찰관의 수사의지 및 관심도는 보통 수준으로 전체적으로 수사의 필요성은 공감하면서도, 직접적인 피해자가 보험사라는 부정적인 인식이 있어 실제 수사에는 소극적으로 이중적인 태도를 보였다. 수사의 개시 및 단서는 금감원, 보험회사의 수사의뢰 또는 고소에 의한 경우가 대부분으로, 수사기관이 자체로 기획하거나 스스로 인지하여 수사를 시작하는 것은 미미한 수준으로, 보험사기와 관련된 수사는 주로 보험범죄 특별단속기간에 이루어지는 등 경찰청의 주요 기획수사의 단속항목에 포함되어 단속기간이 설정되지 않으면 수사에 소극적인 경향이 나타났다.

보험사기는 수사의뢰를 전후하여 수사관에게 사건의 개요와 분석내용에 대하여 사전설명을 하는 경우가 일반적으로, 수사에 필요하고 도움이 된다는 긍정적 답변이 많았다. 수사의뢰방식과 관련하여 수사관들은 부실한 내용의 수사의뢰, 사건관할과 관계없는 수사의뢰, 지인을 통한 청탁성 수사의뢰, 사전협의 없는 일방적 수사의뢰 등에 대한 개선이 시급하다고 응답하였다. 수사의뢰의 품질과 내용에 대하여 수사의뢰시 구체성의 부족, 입증

14) '17년, 필자가 전국 17개 시도경찰청과 경찰서를 방문하여 대면과 온라인 방식으로 설문조사를 하였다.

증거의 미비로 즉시 수사개시가 곤란한 경우가 많아 보완을 요청하거나 재분석·정밀분석 등 추가분석이 필요하여 수사가 지연되고 장기간이 소요되었다.

수사의 난이도는 일반사기와 비교하여 허위·과장 입원(병원·환자), 사무장병원 등 병원, 실손보험, 보험설계사 등 보험업 종사자, 피해 과장, 허위사고, 고의사고, 판매자(딜러) 및 정비업자(공업사)의 수사 등 생·손보 분야를 불문하고 모든 유형의 수사가 어렵다고 응답하였다. 보험사기는 전문 수사분야로 많은 사람이 관련되어 사건의 내용이 복잡하여 자료분석에 장기간이 소요되고, 입증증거의 수집이 어려운 반면, 보험에 대한 전문지식의 부족, 타업무의 과다로 보험사기 수사에 집중 곤란, 보험사의 분석 및 지원의 부족을 주요 원인으로 들었다.

수사관 대부분은 전반적인 보험제도의 이해, 수사기법, 실제 사례분석 등 보험사기 수사의 특성을 이해할 수 있는 전문교육의 필요성을 절감하나, 전문 교육기관과 교육과정이 없어 교육을 받을 수 있는 기회나 경험이 거의 없고,[15] 필요시에 보험사기 수사에 대한 경험이 있는 수사관으로부터 단편적으로 지식을 전달받거나, 개인적으로 수사를 의뢰한 보험사에 지원을 요청하여

15) 보험사기 수사 담당 경찰관은 전문교육의 필요성을 절감하나(74%), 3일 이상의 교육경험이 없다고 응답(68%)하였다.

배우면서 수사에 임한다고 응답하였다. 일선 경찰관들은 전문교육 과정의 신설과 교육기회의 확대를 요청하면서도, 교육기회가 거의 없는 현실이므로 보험범죄 아카데미, 워크숍 등 일회성 교육 프로그램이라도 횟수와 참가 대상의 확대가 필요하다고 응답하였다.[16]

설문조사 결과를 종합하면, 수사관들은 경찰청에서 별도로 단속항목이나 기간이 설정되지 않으면 수사에 소극적인 경향이 있으므로 보험사기 수사에 대한 관심을 유지하기 위해서는 경찰의 주요 단속테마로 상시 포함하여 합동단속기간을 설정하고, 적극적인 수사를 유도하기 위하여 우수 수사관·수사기관에 대해 특진 확대 및 포상, 해외 연수기회의 부여 등 다양한 인센티브의 제공이 필요하다. 보험사기 수사의 특성을 반영하고 수사기관의 전문성을 향상할 수 있도록 전담 수사부서의 확대, 전문수사관제의 도입과 교육질의 향상을 위해서 보험범죄 아카데미 교육의 기회와 기간 확대, 중장기적으로 수사기관 등 관련기관에 전문교육과정의 개설, 금감원·보험업계의 교육지원 등이 필요하다. 수사를 의뢰하는 측도 원할한 수사가 이루어질 수 있도록 수사의뢰의 절차와 방식, 관할을 준수하고, 연줄에 의한 청탁성 또는 상대방 압박목적의 수사의뢰를 지양하여야 한다.

16) 보험범죄 아카데미 등에 교통범죄 수사팀의 참여확대를 요청하였다.

보험사기 수사는 다양한 기관의 협업과 지원이 필수적이므로, 관련기관 간 협의와 의사소통이 중요하다. 경찰의 총괄부서인 경찰청(국가수사본부)과 금감원, 공영보험, 보험협회 등 상위기관 간의 협의기구와 시·도경찰청 등에 지역 중심의 협의기구를 구성하여야 한다. 현재 일회성으로 운영하는 보험범죄 수사협의회[17]와 워크숍을 상설·정례화하고, 보험범죄 특별단속기간의 상·하반기 확대실시와 수사·교통부서의 합동운영이 필요하다.

5. 보험사기 수사와 탐정(PI)

대부분의 선진국에서 탐정(private investigator: PI)은 공공기관의 서비스를 보완하고, 공공선(public good)의 구현 및 사법정의의 실현에 도움이 되므로 탐정업을 허용하고, 최근에는 보험회사나 법률회사뿐만 아니라, 정부의 민영화(privatization) 경향으로 정부기관 또는 공적 연금의 영역에서도 외주(outsourcing) 형식으로 탐정(PI)에게 조사를 의뢰하는 등 이용이 증가하는 추세이다. 보험사기의 조사, 기업의 비밀보호, 산업스파이 조사, 실종자 소재 파악, 단순 절도의 조사 등 고도의 전문지식이 필요하거나, 보안 이슈로 외부기관의 개입을 꺼리는 경우, 경미사건,

17) 경찰청의 보험범죄 특별단속 기간 중, 전국 시도경찰청별로 금감원, 보험협회 등이 참여한다.

인력 부족으로 국가가 관여하기 어려운 영역, 성격상 공권력에 의한 강제적·권력적 수단으로는 목적 달성이 어려운 경우 등 다양한 분야에서 활용한다. 탐정업을 허용하는 국가는 정부의 보유정보에 대하여 합법적인 접근 허용을 확대하는 추세로, 정부기관이 정보를 독점하여 엄격히 통제하면 해당 정보를 확보하기 위하여 정보 보유기관과 결탁 등 부패의 소지가 커지고, 광범위한 접근을 허용하면 개인의 프라이버시(privacy)를 침해할 소지가 있으므로, 양자 간에 조화를 추구하기 위하여 노력하고 있다.

탐정(PI)은 민간이 가지고 있는 다양한 분야에서의 특별한 경험과 기술(skill)을 가진 인적자원을 활용하여, 합법적으로 다양한 수단을 이용하여 정보를 수집한다. 탐정은 보통 보험회사, 법률사무소, 혹은 개인에 의하여 특정한 정보취득을 목적으로 고용되는 계약관계로, 권한은 기본적으로 민간인과 같고, 면허를 취득하거나 배지를 소지하더라도 특별한 권한을 부여하는 것은 아니다. 보험회사와 계약하는 경우, 일반적인 계약관련 민사법령에 따라 지시에 따를 의무와 불이행시 계약위반으로 인한 손해배상의 책임이 있는 의뢰인(고객)과 수임인(탐정)의 관계로, 조사 후 보고서 작성, 필요시 법집행기관에 수사의 의뢰 또는 법정증언 등의 역할을 한다.

미국 등 대부분의 선진국은 탐정(PI)의 면허제도를 두어 관리하나, 영국은 면허나 특별한 경험, 경력을 요구하지 않는다. 일본은 자격증이 필요하지 않는 자유업으로, 경찰을 거쳐 공안위원회에 신고하여 해당업을 영위하고,[18] 경찰의 민사불개입 원칙으로 민사사건의 영역에서 활동범위가 넓은 편이다. 탐정업무에 필요한 감시나 미행 등을 통한 정보취득활동은 프라이버시(privacy), 개인정보, 인권침해와 경찰사칭 등 남용의 위험이 있으므로, 업무를 위탁하는 보험사는 특별교육이나 훈련을 받은 전문자격 소지자를 선호하고, 당국은 탐정업의 허용범위를 명확히 하고 규제를 병행하여 부작용을 최소화한다.

영국의 탐정(PI)에 대한 조사보고서는[19] 탐정의 역할과 필요성을 긍정적으로 평가하고, 정부에 적극적인 활용방안을 제시하였다. 同보고서는, 『법집행 분야와 관련하여 탐정(PI)은 기본적으로 대가를 받고[20] 정보의 수집, 보고서의 작성 · 제출하는 역할로 개인이나 기업, 사회적으로 중요한 역할을 한다. 향후, 경찰 등 공공에 의하여 수행되었던 업무의 상당부분이 탐정의 업무영역으로 이전이 예상되므로, 탐정의 관여가 법집행에 미치는 영향을 고려하여, 경찰예산의 축소 등 새로운 환경에서 탐정에게 적합한 치안유지활동(policing)에 대한 평가가 필요하다. 탐정

18) 일본은 자격증은 불필요하나, 미신고 영업은 처벌대상이다.

19) 영국 내무부 특별위원회(Home Affairs Select Committee)가 PI의 역할과 위험(risk) 요인, 규제방안 등 개선방향을 의회에 보고하였다('13년).

20) 취득이 어려운 정보, 비밀 및 중요정보는 더 많은 수수료를 부과한다.

(PI)은 사적분야(private sector) 등 특정 분야에서 급부(service)를 낮은 비용으로 제공할 수 있는 경험과 기술(skill)을 가지고, 더 효과적으로 치안유지활동을 할 수 있으므로, 탐정과 경찰의 양립을 지지한다. 탐정의 관여 수준에 대한 최종결정은 전적으로 선출된 경찰위원회(Police and Crime Commissioners)와 경찰청장(Chief Constable)이 상의하여 결정할 문제이나, 경찰예산의 삭감 등 새로운 환경에서 더 낳은 치안 서비스를 제공할 수 있는 영역에 대하여 재설정이 필요하다. 특히 사기의 탐지 분야, 도난품의 회복, 공공질서의 유지, 살인사건의 탐문과 같은 수사분야에서 탐정이 관여될 경우에 나타날 수 있는 위험(risk)요인에 대한 분석과 영장과 관련된 권한 등과 같이 탐정이 할 수 없는 분야를 명확히 할 필요가 있다』고 평가하였다.

미국과 영국은 보험사기 조사(insurance investigation) 분야에서 탐정을 적극적으로 활용한다. 보험회사는 내부조사팀(in-house SIU) 또는 외주 형태로 조사조직을 운영하면서, 보험회사의 명성 등을 고려하여 보험사가 직접 고객을 상대로 조사하기 부담스러운 경우에 독립적인 계약으로 탐정(PI)을 활용한다. 호주에서도 최근 보험사기 의심자에 대하여 외주 형태로 탐정에 의한 조사가 늘어나는 추세이다. 탐정은 높은 손해 회수율과 사기성 청구의 포기율, 적발을 통한 피해의 최소화, 법률절차의 지원, 다양한 해결방안(solution)을 제공하여 보험회사와 법률회사

(law firm)에 기여한다.[21] 호주정부도 탐정의 유용성을 인식하고, 정부 등 공공부문의 보유정보에 대하여 정당한 활용과 개인정보 및 프라이버시(privacy)의 보호 간에 조화를 추구하면서 탐정을 활용한다. 정부가 특별한 이유 없이 보유정보를 공개하지 않는 정보독점은 정보부패(information corruption)의 원인이 될 수 있으므로, 정부가 보유한 정보에 대한 관리강화와 함께 탐정(PI)에게 일정한 범위 내의 정보에 대해서 합법적인 접근허용을 대안으로 제시하고 있다.

우리나라도 그간 탐정의 필요성을 논의해 왔고, 제도의 도입에 대해서는 어느 정도 진전이 있었으나, 관리주체에 대하여 검·경의 대립으로 소강상태를 보이다가, 최근 검·경 수사권 조정으로 도입여건이 다소 성숙되었다. 도입을 반대하는 주요 근거는 수사 및 형벌권과 관련된 영역은 국가의 고유사무로, 재판 등 사법절차에 영향을 줄 수 있는 중요한 일은 자격이 분명한 공무원 등이 수행하는 것이 바람직하다는 시각과 인권침해의 우려이다. 우리나라는 탐정을 심부름센터로 인식하는 경향도 있고 실제로 불법행위에 가담하여 부정적인 여론이 형성되었던 것도 사실이다. 유료로 탐정업무를 하면 변호사법 위반으로 변호사업

21) 암수범죄의 속성이 있는 보험사기에 대한 적극적인 예방과 적발, 피해자의 구제, 사법절차의 신속한 진행·지원 등 공공선(public good)에 기여하는 순기능이 있다.

계의 권한 침해의 소지가 있다거나, 신용정보업법에는 탐정이라는 용어 자체를 사용하지 못하게 한 법률규정[22]도 한때는 반대의 논거로 쓰인 적이 있다.

오늘날 국가에 대한 국민의 요구는 치안, 안전을 중심으로 다양한 분야에서 폭발적으로 늘어나는 반면, 현재의 행정·치안·사법 시스템으로는 빠르게 변화하는 수요를 감당하기 어렵고, 속성상 공권력의 개입으로 문제해결이 어렵거나 오히려 비효율적인 분야가 있다. 현행 사법구조는 형사사건에 있어서 국가는 피고인(피의자)의 처벌을 구하고, 피고인(피의자)은 방어에 필요한 권리를 보장받는 구조로 양 당사자를 중심으로 발전하여, 국가가 적극적으로 개입하여 임박한 피해 또는 잠정적인 피해 방지 등 피해자의 권익보호에는 상대적으로 소홀하다. 목전에 임박한 피해방지를 위하여 국가의 적절한 조치가 필요함에도 소관업무범위에서 벗어나거나 인력과 조직이 없는 경우에 개인의 비용부담으로 문제를 해결하려는 것을 불법화하여[23] 권익침해를 사실상 방치한다면, 일반국민의 피해가 늘어날 수 있으므로, 공무원의 증원 등 국가나 수사기관에게 부담을 주지 않으면서도 민간과 권한의 배분 또는 재설정을 통하여 공권력을 보완하는 대안으로서 탐정의 활용이 필요하다. 예컨대, 국가의 도움을 구

22) 위헌으로 해소됨.

23) 현행법상 유료 탐정업은 변호사법 위반의 소지가 있다.

하고자 가족의 실종을 신고하면 경찰은 개입기준으로 범죄와의 관련성을 중요하게 생각하므로, 즉각적인 개입을 주저하다가 범죄와의 관련성이 어느 정도 있다고 판단될 때 비로소 개입 여부를 판단한다. 개입을 결정하더라도 대부분의 경우에는 많은 경미한 사건 중의 하나일 뿐이므로 관심을 두고 집중처리가 어려워, 접수만 해두고 시스템상으로만 확인하고 기다리는 것이 일반적으로, 적극적인 조치를 기대하기는 어렵다.

범죄와의 연관성으로 공권력의 개입 여부를 결정하는 것은 위험하다. 모든 상황을 초기에 범죄와 비범죄의 영역으로 명확히 나누기 어렵고, 중간에 변심이나 우발적인 변수가 개입하면, 범죄 상황으로 급변할 수도 있다. 범죄 관련성이 확실해질수록 이미 범죄의 피해자가 되었거나, 회복하기 어려운 피해가 발생한 이후가 될 수 있다. 공권력에 도움을 구하는 것은 당사자의 특수한 사정, 범죄로 인한 피해결과에 대한 두려움, 결과 발생시 원상회복의 어려움, 예방목적 등 다양하고 복잡한 개인사정이 있다. 국민이 도움을 바라는데도 국가가 적절한 조치를 하지도 않으면서 개인의 비용부담으로 탐정을 고용하여 해결하려는 시도조차도 불법화하여 막아, 그 결과가 범죄피해로 나타난다면 국가는 큰 비난을 피할 수 없다. 민사불간섭의 원칙으로 공권력의 개입을 극도로 자제하고, 수사를 공소제기의 수단으로만 이해하는 전통적인 시각에서는 범죄와 연관될 때만 최소한으로 공권력이 개입하고 수사를 개시하는 것은 수사권 및 공권력 남용의 방지를 위해서 어느 정도는 타당한 면이 있으나, 현대행정에서 예방과 보살핌의 요소가 강한 여성, 청소년, 사회적 약자 등을 대상으로 한 범죄에 대하여 소극적으로 대처하게 되는 원인이 되어, 피해발생시에 사회적으로 큰 비난을 받게 된다. 공권력이 즉시 개입하기가 어렵거나 도움을 주기가 여의치 않으면, 개인의 판단에 따라 개인비용으로 탐정을 고용할 수 있는 길을 열어주어야 한다. 개인의 프라이버시나 업무상 비밀보호가 필요하여 국가기관에 의존하지 않고 은밀한 처리를 원하는 등 특수한 사정이 있다면 개인의 선택권을 부정해야 할 하등의 이유가 없다.

보험사기의 조사 분야에서 탐정은 대안이 될 수 있다. 보험사기는 반복성이 있는 수법범죄의 경향이 있는 범죄로, 지속해서 범죄가 이루어진 후에야 비로소 수면 위에 나타난다. 보험회사는 급증하는 피해를 방치하기 어렵고, 보험사기로 인한 피해가 현실화되면 피해회복이 쉽지 않는데도, 범죄가 어느 정도 명확해지기 전까지는 국가 또는 수사기관을 통한 구제나 대응은 현실적으로 어렵다. 먼저 피해를 보고 난 후, 수사를 의뢰하더라도 수사기관은 보험사기에 대한 관심과 수사의 전문성이 높지 않아, 적극적인 수사나 유의미한 성과를 기대하기는 쉽지 않다. 보험사의 입장에서는 수사의뢰 전이라도 탐정을 활용하여 적극적으로 조사하고 추가적인 피해예방을 위하여 자구책을 마련할 필요가 있다.

탐정의 허용시 인권침해에 대한 우려가 있음에도 불구하고 선진각국은 탐정의 유용성을 인식하여 일반적으로 허용한다. 우리나라도 탐정업을 더 이상 외면하기는 어려운 상황으로, 탐정업을 일찍부터 허용한 선진각국의 입법과 사례를 참고하여 엄격한 자격관리와 교육, 명확한 업무범위의 지정, 사무실의 설치, 소비자 보호를 위한 조치, 기타 업무수행에 필요한 사항 등을 세부적으로 마련하면 부작용을 최소화할 수 있다.

6. 특사경의 도입

특사경(특별사법경찰관리) 제도는 소관 업무의 담당기관에 제한적인 수사권을 부여하여 전문지식을 활용함으로써, 불법행위에 대한 신속한 대응과 효과적인 단속, 수사기간의 단축 등 순기능이 있어, 도입의 필요성은 대체로 인정한다.

특사경의 도입을 반대하는 주요 논거는, 범죄에 대한 수사·처벌권은 전통적으로 국가 고유의 사무로, 관련업무를 비공무원인 민간인이 수행하는 것은 전문성과 책임성을 담보할 수 없으므로 수사공무원 또는 제한적인 일부공무원에게 부여하고,[24] 현

24) 예컨대, 복지부 특사경은 의료법, 공중위생관리법 등 4개 법률에 대한 단

행법의 테두리 내에서 현행 수사기관으로도 충분히 대처할 수 있다고 한다. 특사경의 허용시 공정성 논란 및 인권침해의 소지, 단속 대상기관의 반발 등의 우려가 있어 신중한 검토가 필요하다는 의견도 있다.

위와 같은 논란에도 불구하고, 민간인 신분임에도 금감원, 국립공원관리공단에 단속권한을 제한적으로 부여한 사례는 있다. 금융감독원은 자본시장과 금융투자업에 관련된 범죄에 대해서, 국립공원관리공단은 국립공원 내 쓰레기 투기행위 등 경범죄처벌법에 해당하는 경미한 범칙행위에 대한 현행범 단속을 위해서 특사경을 허용한다. 최근, 건강보험공단은 사무장병원과 면대약국을 대상으로,[25] 권한과 직무범위를 최소한으로 제한하여 특사경을 추진하고 있다. 건강보험공단의 논거는 사무장병원의 입증은 병원의 개설부터 운영, 전반적인 영업행위, 성과의 귀속 등에 대한 고도의 전문성이 필요한 분야로 공단의 자료, 관리시스템과 행정조사, 정기조사, 기획조사 등의 다양한 권한과 수단을 활용하면 사실관계의 확인과 적발에 효율적이고, 건전한 의료질서의 확립과 국민의 건강권의 보호를 위해서 공단의 전문성을 활용한 신속한 조치가 가능한 점을 주요 근거로 제시한다. 특사경

속 권한이 있다.

25) 추진(안)은 의료기관의 반발을 우려하여 특사경의 단속대상을 불법개설한 의료기관(사무장병원)에만 제한하고 있으므로, 사무장병원이 아닌 일반병원의 착오·거짓 청구 등의 부당청구는 특사경의 단속대상이 아니다.

의 단속대상을 엄격히 제한하여 과잉단속의 우려를 완화하고, 신속한 수사진행으로 의료계의 피해를 최소화하여 건전한 의료질서를 확립하는 긍정적인 효과를 강조한다.

보험사기 조사에 특사경을 활용하는 방안도 논의가 필요하다. 현재 보험업계의 보험사기에 대한 조사 및 분석은 금감원의 보험사기인지시스템(IFAS), 신용정보원의 보험신용정보 통합조회시스템(ICIS), 보험사의 보험사기 적발시스템(FDS) 등을 활용한다. 동 시스템은 주로 보험의 가입내역, 신청, 지급과 관련된 자료를 집적한 것으로 혐의점의 심층분석과 관련증거의 확보를 위해서는 추가적으로 확인해야 할 내용들이 많다. 현재 금감원은 조사에 필요한 정보와 자료를 요구할 수 있는 법적인 근거가 미흡하고 관계자에 대한 출석요구권이 없으므로, 조사시 주로 대상자의 임의제출에 의존하고, 자료제출을 거부하는 경우에는 대체수단이 없어, 조사의 시작단계부터 어려움이 있다. 동의에 의한 임의조사시에도 절차적인 정당성은 반드시 준수해야 하므로 추후에 업무방해, 손해배상 등 시비 소지도 있어 적극적인 조사가 제한된다. 이에 대한 대책으로 해당기관에 제한적인 범위의 조사 및 단속 권한의 부여, 전문지식과 기술을 활용하여 조사자료를 신속히 확보하고, 관련자를 조사할 수 있는 특사경의 도입을 대안으로 논의할 필요가 있다.

한편, 보험사기는 강력범죄, 의료법 위반 등 다른 범죄와 연계되는 경우가 많으므로, 특사경의 직무범위를 보험사기방지 특별법 위반행위로 대상범죄를 엄격히 제한하면, 허용된 직무범위로는 강력범죄와 관련된 보험사기에 대한 대응에는 어차피 한계가 있어 정부합동대책반을 활성화하여 기관간 공동대응을 강화하는 방안이 효과적이므로, 도입에 소극적인 의견도 있다. 보험사기에 대한 대응을 위하여 보험사기전담 정부합동대책반을 활성화하여,[26] 관계기관간 정보공유, 협업으로 공동대응을 강화하는 것도 필요하나, 대책반은 보험범죄의 전반을 총괄·지휘하는 컨트럴타워의 역할 또는 협업시스템의 구축에 유용한 것으로, 조사권한을 형성적으로 부여하는 것은 아니어서, 특사경의 도입과는 차원이 다른 문제이다. 과중한 업무부담으로 보험사기에 대한 관심이 상대적으로 미흡하고, 특수분야의 수사를 수사기관에만 의존할 수밖에 없어 나타나는 문제점을 해당 전문기관을 활용하여 개선하자는 특사경의 취지와는 차이가 있다. 특사경을 지정하여 제한적인 대상과 범위를 정하여 조사권한을 부여하면, 관련 자료의 열람과 수집, 조사의 수단과 범위가 넓어져, 기관간 협업은 더욱 필요하게 되므로, 합동대책반도 활성화되는 선순환 효과를 기대할 수 있다.

특사경을 도입하는 경우에, 보험사기의 조사는 대규모의 특사

26) 경찰청, 금감원, 심평원 등 관계기관 합동으로 보험범죄합동대책반을 설치하는 내용의 보험사기방지특별법 개정안을 발의중이다('22.1월).

경이 필요하고, 인력과 조직을 갖추기 위해서는 장기간이 소요되므로, 대응에 단기적으로 공백이 발생할 수 있으므로 보완이 필요하다. 금감원의 증권범죄를 대상으로 하는 특사경과 국민건강보험공단의 사무장병원을 대상으로 하는 특사경(만약, 도입이 된다면)은 보험사기에 비하여 단속의 대상과 범위가 한정되어 소수의 인원으로도 도입목적의 달성이 가능하나, 보험사기는 단속대상과 범위가 증권범죄 또는 사무장병원에 비하여 훨씬 광범위하고 다양하다.

미국은 州보험사기방지법을 근거로 보험감독기관에 수사권한이 있는 보험사기의 조사 및 수사, 대응부서를 대규모로 운영하고 있으나, 우리는 州보험감독기관의 역할을 하는 금감원에 대규모의 조직운용이 가능한지에 대한 논의가 필요하다. 금감원의 특성상 시급한 조치가 필요한 현안이 많은 상황에서, 보험사기의 조사와 대응을 목적으로 대규모 조사조직을 확보하여 우선 해결해야 하는지에 대한 논란과 대규모 조사조직으로 보험사의 업무를 대위(대역)하면, 금감원이 보험소비자와 반대편에 선 당사자로서 참여하게 되어 소비자 보호업무와 충돌한다.

미국의 대부분 州는 보험감독청에 보험사의 관리 및 불법행위의 감시부서, 보험사기의 조사 및 대응부서, 소비자의 보호부서를 기능적으로 구분하여 병립적으로 구성되어 있으나, 우리나라의 금융감독원은 은행, 증권, 보험을 통합한 형태여서 감독원 내에서도 보험부문의 독자성을 확보하기 용이하지 않고, 보험부문 내에서도 보험사기의 대응이 감독원의 주요업무인지에 대한 회의적인 시각도 있다. 금융감독원의 소비자보호처는 금융소비자의 보호업무와 보험사기 조사업무를 수행하는 부서로, 보험사기에 대한 조사강화는 보험금의 지급거절 등 소비자의 권익을 침해하는 모순이 발생하게 된다. 우선 보험사기 대응업무에 대하여 소비자 보호업무와 구별하여 독립조직으로 구성하고, 특사경의 도입 또는 금감원 외에 제3의 대응기구를 별도로 설립하는 방안을 고려할 필요가 있다.

특사경의 허용은 직무의 범위와 대상, 권한의 정도 등을 고려하여 입법적으로 결정할 문제이나, 도입하더라도 소정의 역할을 할 수 있는 규모로 조직을 갖추기까지는 장기간이 소요된다.[27] 미국은 보험사에 대하여 관리조직(SIU)의 설치, 보험사기 방지대책의 수립 · 제출의 의무화 등 보험사가 보험사기 예방과 조사의 1차 책무자로서 역할을 할 수 있도록 상응하는 권한과 책임을 부여한 사례를 참고하여, 보험사의 조사조직을 정비하여 사전에 특사경을 도입할 수 있는 여건 조성이 필요하다.

---

27) 특사경의 업무에 해당한다는 명분으로, 수사기관이 보험사기에 대한 관심도가 급격히 약해질 우려가 있다.

제4장

보험사기와 협업

1. 협업의 필요성

2. 협업의 제약요인

3. 협업의 모범사례

4. 수사기관과 협력채널의 정비

5. 보험사기와 포렌식

1. 협업의 필요성

협업은 보험사기의 분석, 조사 및 수사목적뿐만 아니라, 적발 이후의 행정처분, 보험사기 관련자 및 연루자(보험업 관련 종사자 등)의 사후관리,[1] 피해자의 구제, 보험사기 예방교육·홍보, 수사기관의 변사자의 처리 또는 교통사고 현장에서 신속한 보험가입 내역의 확인[2] 등 다양한 분야에서 필요하다. 보험사기의 조사에 필요한 자료는 개별보험사, 금감원, 건강보험관리공단, 심평원, 신용정보원, 근로복지공단, 각종 공제회, 우체국, 병원 등 다수의 기관이 분산하여 가지고 있다. 수사기관은 보험사기 수사의 주체일 뿐만 아니라 보험금 지급 원인이 되는 보험사고에 대한 접수사실, 수사자료를 가지고 있다. 보통, 보험사기의 수사는 금감원, 보험사, 건강보험공단 등이 사전분석과 기초조사 후 혐의점이 있으면 수사를 의뢰하므로, 수사기관이 본격적으로 개입하기 이전에 사전분석 및 조사단계에서도 금융당국과 보건당국, 보험사, 병원 등 각 기관이 보유한 자료를 활용할 필요성이 있다. 최근 실손보험 및 사무장병원과 관련된 보험사기는 기업형 의료 브로커가 개입하여 더욱 전문화·조직화되는 양상으로,

---

1) 보험사기자 연루자의 자격 및 등록취소, 이직의 제한, 보험사기자의 관리 등에 활용한다.

2) 보험사기가 의심되는 경우, 보험가입 내역의 신속한 조회가 필요하다.

효율적인 대응을 위해서는 관련기관과 민·공영 부문 간 데이터의 공유 및 정보교류, 공동조사 등 다양한 분야에서 협업이 필요하다. 사무장병원은 국민건강보험, 근로복지공단 등으로부터 요양급여를 편취하고, 환자는 보험회사로부터 보험금을 편취하므로, 건강보험공단이 수사를 통하여 사무장병원임을 확인하거나 행정조사로 문제성 병원에 대하여 불법을 확인하였다면, 개인의 보험사기 혐의에 대한 조사도 필요하다. 병원과 개인에 대한 연계수사를 위해서는 최초 수사착수시부터 동시에 진행하거나, 사무장병원을 수사로 적발한 경우에 적발내용 및 조사결과, 치료 및 요양급여의 청구 내역, 환자의 치료내용 등에 대하여 수사기관, 공영보험, 민영보험 간에 공유와 협업이 필요하다.

예컨대, 질병·상해로 위장하여 민영보험에 청구하고 동일사고로 근로복지공단에 산재를 신청하여 중복수급하면,[3] 보험회사 간에는 신용정보원의 ICIS(보험신용정보 통합조회시스템)를 통해 중복보상 여부의 확인이 가능하나, 근로복지공단(산재)과 금감원, 보험회사(자동차·실손) 간에는 중복보상을 확인하는 시스템이 없다. 이중청구는 관계기관 간의 자료공유로 비교적 적발이 용이하므로 협업으로 주기적인 비교·분석이 필요하다.

---

3) 폭행 사고 및 일상생활 사고를 업무상 재해로 조작하여 산재를 부정수급하거나, 산재를 질병·상해로 조작하여 민영보험사에 부당청구하는 경우 등.

보험상품과 유사보험상품에 중복가입하여 고의사고를 유발하면, 우체국이나 공제조합(택시, 버스, 화물차 등)의 계약 및 사고정보도 필요하다. 보험사는 신용정보원에서 제공하는 보험신용정보 통합조회시스템(ICIS)을 통하여 계약정보 및 지급정보를 활용하고 있으나, 공제조합, 렌터카업체 등은 신용정보원 또는 금감원이 정보를 집적할 수 있는 대상기관이 아니어서 시스템을 통한 정보공유가 제한되므로, 향후 집적대상기관에 포함하여 공유를 강화할 필요가 있다.

수사기관과의 협업도 중요하다. 현행법상, 협업으로 확보할 수 있는 자료의 질과 범위는 법률의 근거, 권한의 유무, 수사기관의 개입 여부에 따라 다르다. 수사기관은 법률에 근거하여 광범위한 자료요청이 가능하고, 자료를 제공하는 기관에서도 제공이 용이하다. 보험사기의 조사는 수사기관이 보유한 자료를 통하여 확인해야 할 내용이 많다. 예컨대, 음주로 인한 단독사고를 빙판길 미끌어짐 사고로 허위접수, 음주사고를 가해자 불명 또는 허위사고로 위장, 무면허·음주운전사고로 적발된 경우에 보험처리를 위해 음주사실을 숨기거나 사고일시 및 장소의 조작 또는 운전자 바꿔치기가 많으므로, 보험사의 청구 및 지급자료에 나타난 사고시간과 경찰에 신고접수된 자료, 사고처리 내역의 비교가 필요하다. 보험금을 경찰 등 수사기관에 사고의 접수만으로도 지급하는 경우가 있으므로 관공서에서 발급한 사고사실확인원의 위·변조 등 진위확인이 필요하다. 통상, 고의교통사고 유발형의 범죄는 수법범죄로 반복·지속성이 있으므로 심층조사를 위해서는 보험사가 보유한 자료와 경찰이 보유한 교통사고의 접수 및 처리현황,[4] 사건관련자(가해자, 피해자, 동승자) 등의 자료에 대한 비교가 필요하다. 금감원 등에 보험사기에 대한 제보가 있는 경우에 본격적인 조사개시의 판단을 위해서는 사건 자체의 존부,[5] 기초적인 사실관계에 대하여 경찰의 자료로 확인할 내용도 있다.

그간, 협업강화를 위하여 보험조사협의회, 보험범죄 전담 정부합동대책반, 경찰과 보험범죄 수사협의회, 관련기관 간 MOU의 체결, 협의체의 창설, 사안에 따른 관련기관 간 데이터의 공유, 공동대응팀의 구성 등의 다양한 노력이 있었다. 금감원, 국민건강보험공단, 보험업계 공동으로 공·민영보험 공동조사협의회를 출범하여[6] 연계조사를 강화하고, 금감원은 건강보험심사평가원과 의료기관의 기초정보(병원 코드)와 환자의 치료정보(질병명 코드) 등의 데이터를 공유하여, 보험사기인지시스템(IFAS)의 분석 및 적발능력을 고도화하였다. 동일한 사고로 산재 및 민영

---

4) 가·피해자 불문, 신고는 되었으나 정식사건으로 처리되지 않은 경우 등도 포함하여야 한다.

5) 변사처리, 교통사망사고, 실종신고된 사실이 있는지 여부 등.

6) 협업에 의한 조사건의 발굴 등을 목적으로 21.3월에 실무협의체를 출범하였다.

보험금을 중복하여 수급하는 경우, 금감원, 민영보험사, 근로복지공단이 각 기관이 보유하고 있는 자료를 공동으로 비교·분석하여 적발하는 성과도 있었다. 그러나, 법률 근거가 미흡한 상태에서 일시적인 필요에 따른 정보의 공유 및 협업으로는 한계가 있다. 협업을 지원하는 보험조사협의회, 보험범죄 전담 정부합동대책반은 비상설·비정기적인 운영으로 역할에 부침이 있었고,[7] 조직의 구성과 관심도를 고려하면, 협업을 주도하거나 체계적으로 지원하기는 어려운 실정이다.

수사기관이 병원이나 의사, 자동차 공업사 등을 수사한 경우 관련 행정처분, 면허취소처분 등 사후관리에도 협업이 중요하다. 병원의 인·허가권, 행정처분권은 규모에 따라 시·도지사, 자치구, 보건소 등에 있고, 의사면허 취소 등은 보건복지부에, 보험대리점이나 설계사 등의 행정처분은 금융위와 금감원의 소관 사항이다. 수사 후 권한이 있는 행정기관에 통보하면, 해당기관은 재판의 진행과정을 모니터링하여 판결결과에 따라 행정처분을 하여야 하나, 수사기관이 사무장병원을 수사하여 송치하는 경우, 인·허가권이 있는 행정관청 또는 의사면허를 관할하는 보건복지부와 시스템을 통한 통보나 관리절차가 미흡하다. 자동차정비

---

7) '09.7월~'17.12월간, 총리실 주관으로, 서울중앙지검에 검찰, 경찰, 국토부, 금감원, 건보공단, 심평원, 근로복지공단, 생·손보협회 등 9개 기관으로 운영하다가, 대검 형사부로 이관되었고, 최근 중앙지검 형사9부로 재이관되었다.

업자가 거짓으로 정비견적서를 작성·발급하는 행위는 자동차관리법 위반으로 지자체의 등록취소, 사업정지 및 과태료의 부과 사항이므로, 자동차 보험사기와 관련된 공업사는 국토부나 지자체 등 소관 행정관청에 통보조치가 필요하다. 그러나 보험사 등에서 자동차공업사의 수리비 허위과장 청구를 확인한 경우에도 보험사는 국토부, 지자체에 신고 또는 보고의무가 없고 통보절차(process)도 없다.[8] 국토부, 지자체는 자동차관리법에 따라 업무수행을 위해 필요시 보험사 등에 자료요청을 할 수 있는 근거는 있으므로, 보험사에서 자동차정비업자의 자동차관리법 위반 사항을 확인한 경우에[9] 신고를 의무화하거나, 행정기관은 보험사에 대하여 자료요구권을 적극적으로 행사할 필요가 있다.

병원은 일단 개설된 이후에는 명의변경이나 양도, 폐업, 관련 서류 폐기 등 다양한 수단으로 행정처분 및 수사를 회피하거나 형식적인 절차를 거쳐 동일 장소에서 재개업, 이전개업 등 탈법적인 수법이 동원되므로, 설립단계부터 협업을 통하여 진입을 차단할 필요가 있다. 인허가기관의 '의료기관 개설위원회'의 내실있는 심의를 위해서는 개설자 및 개설장소의 개·폐업과 관련

---

8) 그 결과, 자동차공업사의 수리비 허위청구건의 환수는 '18~'22년(5년간) 2,250건인데 지자체의 행정처분은 120건에 불과하였다('23.5.16. 매일경제 보도내용).

9) 자동차정비업자의 보험사기는 법원의 판결로 혐의가 확정되므로, 법원의 판결로 거짓의 정비견적서 작성·발급이 확인된 경우를 의미한다.

된 자료, 개설자의 의료법 위반 여부 등 이력 관리, 진행 중인 수사 및 처벌내용 등을 사전에 파악할 필요가 있다. 보통, 사무장병원 등 불법의심 병원은 지역의 수사기관, 의료업계, 보험업계, 건강보험공단 등 해당 분야의 종사자 또는 시군구 등 관계기관이 어느 정도 인지하고 있으므로, 관련 정보나 자료를 가지고 있는 건강보험공단, 심평원, 경찰, 행정기관을 개설위원회에 포함하거나 사전협의 또는 협업으로 문제병원을 사전에 파악하여 집중관리에 활용할 필요가 있다.

수사의 진행상황 및 재판결과의 공유는 요양급여 비용 또는 보험금의 지급 보류, 환수절차의 이행, 보험사기자 등록, 보험사기 연루자에 대한 행정처분, 피해자의 사후구제에도 필요하다. 보험사는 수사기관의 수사진행 여부 또는 최종 처리결과에 대하여 공유가 되지 않아, 이미 처벌을 받았거나 수사종결된 동일사건에 대하여 다시 수사를 의뢰하는 등 수사력의 낭비와 인권침해의 사례도 있으므로, 기관간 통보 등 사후 관리절차(process)를 정비하여야 한다.

2. 협업의 제약요인

보험사기의 조사는 국가기관 및 지자체, 금융 및 보건당국,

보험사 등 각 기관이 보유한 광범위한 자료가 필요하나, 협업의 핵심 대상인 자료나 정보를 공유할 수 있는 법적 근거의 미비와 엄격한 개인정보보호 법규로 협업이 제한된다. 기관별 입장과 이해관계에 따라 협업의 목적 · 범위 · 대상에 차이가 있고,[10] 동일 기관 내에서도 부서간 칸막이 등 협업을 제약하는 요인이 있다.

보험사기는 환자, 의사 · 병원, 공단 · 보험사가 상호간에 밀접하게 연결되어 있으므로 협업으로 병원과 개인을 동시에 수사하는 것이 효과적이나, 공영보험에서 보험사기 조사를 착수하더라도 민영보험사와 연계가 되지 않는 경우가 대부분이다. 보험금의 환수는 공보험인 건강보험은 병원에서, 민영보험은 개인으로부터 하게 되므로 수사의뢰의 목적 및 수사대상의 선정단계부터 민 · 공영보험 간에 차이가 있다. 국민건강보험은 수사로 사무장병원임을 입증하는 데 중점을 두는 반면, 민영보험사는 개인이 사무장병원 등에서의 허위입원을 근거로 보험금을 청구하므로, 민영보험사는 수사기관이 사무장병원을 수사하는 경우에 동시에 개인에 의한 보험사기 혐의건에 대한 수사도 진행하기를 바란다. 현실은 건강보험공단이 사무장병원임을 수사로 입증하여 지급금액을 구상하는 경우에도 민영보험사는 해당 정보를 알 수 없어 부당 지급된 보험금의 환수는 어렵다.

---

10) 인 · 허가권, 행정처분권을 가지고 병원을 관리하는 자치단체나 보건복지부, 개별보험사, 생명보험, 손해보험, 금감원, 건강보험공단 등.

기관별 입장의 차이는 수사의 목적과 완성도에 영향을 미친다. 국민건강보험관리공단은 요양급여 비용을 청구한 요양기관이 의료법 또는 약사법을 위반한 사실을 수사기관의 수사결과로 확인한다면, 이를 근거로 요양급여 비용의 지급을 우선 보류할 수 있다.[11] 판례는 수사기관인 경찰, 검찰이 범죄혐의를 인지하고, 수사를 통하여 객관적으로 확인하여 국민건강보험관리공단에 통보하면, 수사기관의 수사결과로 확인된 경우에 해당한다고 판시하였다. 향후 불기소처분이나 무죄가 확정되면, 그간의 이자를 포함한 요양급여 비용을 사후에 지급하면 된다. 즉, 국민건강보험관리공단은 수사기관이 기소하면, 어느 정도 수사의뢰 목적이 이루어진다.

민·공영보험은 보험사기의 성립요건에도 차이가 있다. 대법원 판례는 사무장병원과 같이 의료법을 위반하여 개설된 의료기관이 마치 적법하게 개설된 요양기관인 것처럼 공단에 요양급여 비용을 청구하는 자체가 공단에 대한 기망행위에 해당되므로, 요양급여 비용을 받으면 사기죄가 성립하고, 이때 명의를 빌려준 의료인이 환자들에게 실제로 요양급여를 제공했더라도 사기죄의 성립에는 영향이 없다. 따라서, 국민건강보험공단은 병원

11) 국민건강보험법 제47조의2(요양급여비용의 지급보류) … 사실을 수사기관의 수사결과로 확인한 경우에는 해당 요양기관이 청구한 요양급여비용의 지급을 보류할 수 있다.

이 의료법을 위반하여 설립된 사무장병원임을 입증하는 것이 수사의 핵심으로, 요양급여 비용의 지급보류를 위해서는 수사기관의 기소 여부가 중요하다. 민영보험사는 지급보험금의 빠른 환수와 비용절감에 방점이 있으나, 환수절차는 공영보험과 차이가 있다. 민영보험사는 법원의 유죄판결이 있더라도, 별도로 민사소송을 거쳐 민사채권으로 확정되므로 기소후 집행과 환수까지는 상당한 기간이 소요된다. 실제 집행시에는 책임재산의 소멸로 환수율이 낮고, 실효성이 없는 경우가 많다.[12)]

수사기관은 수사의 기밀성 등 수사 속성상 정보공유를 꺼리는 경향이 있다. 특정 개인의 피의사실에 대하여 공판청구 전에 공개하면 형법상 피의사실공표에 해당하고, 특정 개인의 개인정보를 정보 주체의 동의 없이 공유하면 개인정보보호법 위반에 해당할 소지가 있다. 최근에는 수사기관의 피의사실공표에 대해 민법상 불법행위에 의한 손해배상책임을 넓게 인정하는 추세로, 형사상 책임 또는 민사상 손해배상책임을 부담할 가능성이 있어, 협업을 꺼리는 분위기가 형성된다.

사무장병원, 요양병원 등을 관리하는 지자체는 일부 병원 등의 문제점을 인지하고 있으나, 관리의 주목적이 보험사기를 줄

---

12) 보험사기자는 취약계층(무직 · 일용직 등)의 비중이 높아 상환능력이 부족하고, 소액(5백만원 이하)으로 민사소송 등 환수절차를 진행할 실익이 낮다.

이는 데 있는 것은 아니므로, 순기능은 무시하고 보험사기 등 부정적인 측면만 강조하여 수사대상으로 접근하는 방식에 거부감을 느껴 공동대응에 소극적인 경우가 있다. 수사의 대상자이자 협조의 대상인 의료계도 일부 문제 있는 의사나 병원으로 의료계 전체를 매도한다는 불만도 있을 수 있다.

자료요청의 법적 근거가 있는 경우에도 범위와 대상이 모호하거나 달리 해석될 여지도 있다. 국민건강보험법에 따라 국민건강보험공단, 심사평가원은 관계기관에 업무상 필요한 자료제공을 요청할 수 있으나, 동 자료는 해당 기관이 고유업무 처리과정에서 취득한 사실관계 정보(진료기록, 처방전, 주민등록자료, 출입국기록, 과세자료 등)를 의미하는 것이므로, 보험사기 혐의자 정보는 대상정보에 포함된다고 보기는 곤란하다. 금감원이 보유한 자료를 제3자에게 제공할 수 있는 근거도 미약하다. 금감원은 법원의 제출명령 또는 법관이 발부한 영장에 따라 제공하거나, 보험업법에[13] 따른 사후조치 사무에 한하여 제3자에게 혐의정보를 제공할 수 있으나, 사후조치는 혐의 확정을 위한 수사의뢰 등을 의미하므로, 사전에 정보공유 확대목적으로 관계기관에 혐의자에 대한 정보제공은 곤란하다고 해석될 수 있다. 개인정보보호법은 동의 등 엄격한 요건하에[14] 개인정보 활용을 허용하

---

13) 보험업법 제162조 및 보험업법시행령 제102조.

14) 정보 주체의 동의를 받은 경우, 법률에 특별한 규정이 있거나 법령상 의

고, 이 경우에도 “정보 주체 또는 제3자의 이익을 부당하게 침해할 우려가 있는 경우”에는 제3자에 대한 개인정보 제공을 금지하므로 해당 범위에서의 자료공유는 제한된다. 보험사기 연루자 또는 의심병원에 대한 수사의뢰 등 혐의자료를 공유하는 경우 주의해야 할 이슈(issues)도 있다. 일반적으로 보험사기 의심병원의 병원명, 병원 코드 등은 개인정보 및 거래상대방을 평가하기 위한 신용정보로 보기 어려우므로 개인정보보호법이나 신용정보법에 해당하지 않으나, 개인이 개설한 병원의 경우에는 불가피하게 의료인 개인에 대한 평가와 결합될 수 있는 소지가 있다. 보험사기 의심병원, 보험금 과다청구 병원, 허위·과잉진료 병원 등의 단정적인 뉘앙스의 제목으로 병원명, 요양기관 코드, 주소 등을 기재하는 경우 병원이나 개인에 대한 사회적 평가와 관계되어, 보험사기의 성립 또는 사실 여부와 상관없이 명예훼손의 가능성이 있다. 보험사기 의심기관에 관한 정보를 공유하기 위하여 리스트를 작성하더라도 범위선정의 기준을 높이거나 평가나 판단 등 가치판단의 요소를 최소화하여, 객관적인 사실을 중심으로 작성하는 것이 필요하다. 따라서, 개인 의원의 경우 요양기관 코드(8자리)로 구분할 수 있으므로 병원이름은 “김○○ 외과” 등의 형식으로 익명처리를 하거나, 리스트 명을 ‘보험사기 의심병원’보다는 가치판단의 요소를 최대한 배제하여

무를 준수하기 위하여 불가피한 경우.

특정항목의 청구빈도가 ○건 이상인 병원 등 객관적 사실을 중심으로 기술하는 것이 바람직하다.

3. 협업의 모범사례

'17년, 광주·전남지역의 자동차사고로 인한 입원율은 전국에서 가장 높고,[15] 자동차보험의 손해율도 전국평균을 상회하였다.[16] 고령인구가 많아 한방병원의 수요가 많고, 사고에 따른 치료기간을 감안하더라도 입원율과 손해율이 높은 수준으로, 타지역에 비해 많은 한방병원의 상당수가 사무장병원으로 보험사기에 이용된 것으로 추정된다. 건강보험심사평가원의 자료에 따르면, '18년 전국 308개 한방병원 중 89개(전국의 28.9%)가 광주에 있고, 전남지역까지 합하면 전국 한방병원의 약 50%가 집중되어 인구 1천명당 병상수도 인구 1천명당 2.6개로 전국평균 0.3개의 8배 수준으로 전국 최고수준이다. 해당 지역의 경기침체로 모텔 등 폐업건물을 임대하여 적은 비용으로 한방병원을 개설하거나 기존의 개·폐업된 한방병원을 인수하여, 급여가 저렴하고 관리가 쉬운 한의사, 졸업 직후의 사회초년생 의사, 현역에서 은퇴한

15) 건강보험심사평가원: 광주 60.5%, 전남 54.8%, 전북 52.5% (전국평균 33.4%).

16) 보험개발원: 대전 95.4%, 광주 94.4% (전국평균 85.2%).

고령의 의사 등을 고용하여 운영한다.[17] 사무장병원은 학연·지연을 중심으로 팀을 이뤄 영업활동에 유리한 연고지에서 개원이 많고, 한의과대학의 소재지도 증가에 영향을 미치는 것으로 추정된다.

사무장병원은 양·한방 협진형태로 영업팀을 운영하거나 브로커를 통해 부당이익을 제공하여 과다하게 환자를 유치한다. 피부, 다이어트 등 성형관리 및 휴양소 형식으로 운영하면서, 수시 외출·외박을 허용하고 병원 치료식을 뷔페식으로 제공한 사례도 있다. 허위입원 등록, 허위병동의 운영, 진료행위 없는 허위진단서의 발급 등 각종 불법행위로 의료질서를 문란케 한다. 사무장병원의 청구건은 대부분이 입원과 관련된 청구이지만, 병명은 단순요통 등 입원이 필요없는 경미한 질병이 대부분으로, 실제로 입원치료를 받아야 할 중증환자는 거의 없다.

사무장병원의 입증은 설립자금의 충당, 이익금의 분배 등 장기간 자금의 흐름 파악이 필수적이므로, 개설과정 및 불법 영업행위의 확인, 요양급여의 신청과 지급, 적발에 장기간이 소요된다. 반면에, 의료법상 자료를 제출하지 아니하거나 거짓 제출, 행정조사의 거부, 각종 휴업, 폐업, 재개업 등을 신고하지 아니한 경우에도 형사처벌의 대상은 아니고, 업무정지 또는

---

17) 7~80대의 고령의사, 면허취득 5년 미만 병원장, 떠돌이 이사 등.

과태료에 불과하여 처벌이 경미하고(의료법 제92조), 폐업시에는 더 이상 행정조사를 할 수 없는 점을 악용하여 수사나 행정처분을 피한다. 동일 장소에서 수시로 개·폐업을 반복하고,[18] 장소 이전과 상호를 바꾸어가며 재개원하므로, 3년 이내의 폐업률이 높다.[19]

위와 같은 문제점을 인지하고 수사기관인 경찰이 주도하여, 해당지역의 문제성 병·의원에 대한 정보공유 및 합동점검, 수사를 통한 적발 강화, 사후관리의 체계화, 공동홍보 등 공동대응을 위하여 협의체를 구성하였다. 협의체의 구성을 논의하는 과정에서, 보험사기는 타지역에도 많은데도, 해당 지역만 집중단속하면, 보험사기 다발지역으로 지역의 이미지가 나빠지고 지역주민을 전과자로 낙인을 찍는다는 불만이 제기되었다. 일부 의료인들은 문제성 병원이 있음을 인정하면서도, 병원의 순기능을 무시하고 부정적인 면만 부각하여 지역의료인을 잠재적인 범죄자로 취급하고, 선량한 의사도 보험사기로 의심받아, 피해자가 될 수 있다는 반발 등 의료직역, 병원의 종류, 진료과목에 따라 대응방식에 대한 입장과 인식 차이가 있었다. 양방의사는 엄연히 한의사와는 차이가 있으며, 주로 한방병원에서 문젯거리가 된

18) 시설이 갖추어진 병원을 다시 임대하므로, 개·폐원이 반복되고 줄어들지 않는다.

19) 3년 이내 폐업률은 광주(86.2%), 전북(68%), 전남(38.1%)으로, 사무장 병원으로 악용되는 근거로 추정할 수 있다

사무장병원으로 양방의사를 의심한다는 불만이 있었다. 병·의원에 대한 인·허가권이나 점검 권한을 가진 지자체는 단속의 필요성은 대체로 공감하면서도 보험사기 단속은 지도점검의 주 목적이 아니므로, 행정자원을 단속에 집중하는 데 난색을 표명하였다. 보험업계에서도 실손상품을 주력상품으로 오랫동안 판매한 손보사와 비교적 비중이 적은 생보사 간의 입장차이도 확인되었다.

위와 같은 제약요인을 고려하면서, 광주경찰청이 주도하여 금감원, 광주시, 의사협회 등 관계기관과 양해각서(MOU)를 체결하고, 보험범죄 실무연구회를 조직하였다.[20] 실무협의회를 매달 기관별 순회형식으로 정기 개최하여 정보공유 및 수사를 지원하고 역할분담과 공동홍보를 체계화하였다. 광주경찰청은 전국 최초로 지능범죄수사대, 광역수사대, 경찰서 등에 보험사기 전담 수사팀을 조직하고, 전담 수사관을 지정하였다. 보험범죄 특별 단속기간을 경찰청에서 지정하는 기간보다 연장하여 시행하고, 보험사기 수사실적 우수자에게 특별가점을 부여하여 특진심사에 반영함으로써 수사를 독려하였다. 금감원은 총괄지원반, 지역별 지원반, 현장 지원반으로 지원 TF를 구성하고, 손·생보험 협회도 해당지역에 현장사무실과 인력을 확보하여 현장수사를

20) 광주경찰청이 주도하여 조직한 연구 및 수사지원 모임으로 금감원, 학계, 건보공단, 심평원, 생·손보협회, 광주지역 SIU, 변호사 등으로 구성하였다.

지원하였다.

광주경찰청의 접근방식은 지역의 모든 유관기관이 참여하여 종합적인 관점에서 수사를 통한 적발과 처벌 외에도, 보험사기의 요인이 되는 불법의료기관의 개설 및 인·허가에 대한 문제점, 사후관리 및 교육·홍보의 필요성 등에 대한 공감대를 형성하여, 공동대응의 틀을 마련하였다. 그 결과, 한방병원은 100개('17.7월) → 87개('22.6월)로 대폭 감소하는 성과로 이어졌고,[21] '18년, 광주·전남경찰청은 보험사기에 대한 기획과 단속, 기관간 협업의 과정, 수사성과를 기록한 보험범죄 대응백서를 발간하였다.

4. 수사기관과 협력채널의 정비

최근 보험사기에 대한 수사는 검·경간 수사권 조정, 법원의 보험사기 성립요건에 대한 엄격한 적용, 검사작성의 피의자신문조서의 증거능력 제한, 심평원 입원적정성 평가결과의 증거능력 제한 등 수사환경이 어려워지고 있다. 이에 대하여 경찰은 보험범죄를 매년 경찰청의 주요 단속과제로 포함하여 지속적인 단속으로 보험사기에 대한 관심을 유지하고, 일부 시도경찰청에서 보험범죄 수사전담팀, 전담수사관의 지정, 경찰수사연수원에 관

21) '22.9월 제19차 광주경찰청 유관기관 실무협의회 회의자료 참고.

련 교육과정을 개설하는 등[22] 전문성을 강화하여 새로운 수사환경에 대응하고 있다. 수사를 의뢰·지원하는 금감원, 보험사도 분석기법의 고도화, 입증증거의 확보와 협업으로 적극적인 수사지원을 강화하고 있다.

보험사기 수사는 전문분야로 수사기관의 자체 수사력만으로는 입증에 한계가 있어 내사, 압수, 증거분석 등 수사의 모든 과정에서 타기관의 협력과 지원이 필수적이므로 기관간에 의사소통을 지원하는 협력기구가 필요하다. 수사기관은 수사를 의뢰하는 보험업계, 금감원, 건강보험공단 등에 대하여 다양한 요청사항이 있다. 분석 질의 향상, 입증증거의 확보, 사건의 사전 설명, 압수물의 분석지원, 청탁성 수사의뢰의 금지, 보험가입 내역의 신속 조회, 심평원 심사결과의 신속한 회신, 전문교육의 지원,[23] 수사로 확인된 보험상품에 대한 문제점과 보험가입 및 보험금의 신청·지급 절차와 관련된 사기 유발요소의 개선, 담보한도의 제한,[24] 무혐의·내사종결에 대한 원인분석과 환류(feedback), 최신 수법의 공유 등 보험업계와 협의 또는 개선이 필요한 다양한

22) '22.12월, 경찰수사연수원에 보험범죄 수사과정(1주일)을 최초로 개설하였다.

23) 경찰수사연수원 등 경찰교육기관의 보험사기 전문교육 과정에 강의 지원 등.

24) 고액의 사망 담보 인수시에 업권별로 생보사는 생보업계의 가입금액만, 손보사는 손보업계만 각기 합산하거나, 재정심사는 자사 한도를 초과하는 때에만 실시하고 타사합산 한도를 적용하지 않고 인수하는 등의 문제점이 수사과정에서 확인되었다.

내용이 있다. 수사를 의뢰하는 금감원, 보험사, 건강보험공단, 심평원, 지자체, 의사협회 등 관계기관도 수사기관 또는 타기관에 대하여 적극적·신속한 수사의 진행, 수사가 미진한 상태에서의 무혐의 종결의 지양, 수사 의지 및 전문성 향상의 요청, 수사 결과에 대한 통보절차의 확립, 자료공유의 확대 등 다양한 요청 사항이 있다.

이와 같은 다양한 현안이 있음에도 수사기관과 금감원, 공영보험기관, 보험사 등 관련기관 간에 소통창구 또는 컨트럴타워의 역할을 할 수 있는 기구가 없다. 현재 운영 중인 보험범죄조사협의회[25]는 보험업법에 근거한 보험범죄와 관련된 최고수준의 의사결정기구로 보험사기 방지대책의 수립, 기관간 업무분담과 조정 등 보험사기에 관한 정책적인 해결방안을 논의하는 기구이나, 수사현장에서 제기되는 대부분 문제는 정책적인 해결대상이 아니다. 보험범죄 수사협의회는 경찰이 매년 실시하는 보험범죄에 대한 집중단속기간에 즈음하여 경찰청과 금감원이 공동으로 주관하여 전국 시도경찰청별로 개최하는 일회성 협의체로 보험사, 건보공단, 심평원 등 관계기관이 수사협의회에 참여하여 구체적인 수사정보를 제공하고 수사지원 방안을 논의하는 장이다. 同협의회의 진행과정 중 각 기관과 협의가 필요한 수사상 애로

25) 금융위, 복지부, 경찰청, 금감원, 건보공단, 심평원, 생·손보 협회, 학회 등 민·관 관계기관 위원 12명으로 구성되었다.

사항 또는 수사현장에서 제기되는 다양한 개선 요청사항은 많지만, 일회성·한시적으로 운영되는 협의체로 해당 문제를 직접적으로 논의하고 해결책을 제시하는 기구가 아니어서, 필요시 금감원은 제기된 의견을 취합·정리하여 경찰수사본부에 전달할 뿐이다. 일선 수사관들은 금감원, 보험업계와 공식적인 협의 채널이 없으므로 보험범죄 수사협의회 또는 구체적인 사건으로 수사의뢰를 하는 기회에 개선이나 협의가 필요한 내용을 개별적·단편적으로 전달한다.

수사기관과의 협력을 위해서는 국가수사본부·검찰청, 금감원 수준(level)에서 총괄적인 역할을 하는 중앙의 최상위 협력기구와[26] 시도경찰청·지방검찰청 등 지역 중심의 협의기구를 구성하여 네트워크를 정비하여야 한다. 보험사기가 빈발하는 광주·전남지역에서 경찰이 주도하여 관련기관이 모두 참여하는 협의체를 구성하고,[27] 실무조직과 연구모임을 결성하여 지속가능한 협업체계를 성공적으로 구축한 사례를 참고할 필요가 있다.

---

26) 경찰청(국가수사본부), 검찰청, 금감원, 건강보험공단, 생·손보협회 등.

27) 시도경찰청과 금감원, 지자체, 건보공단, 심평원, 보험사, 의사단체, 학계 등 광범위한 단체가 참여하였다.

5. 보험사기와 포렌식

최근의 보험사기는 피보험자, 설계사, 병원 등이 서로 연계된 형태로 발생한다. 보험사기의 분석은 집적된 데이터를 이용하여 보험사기를 나타내는 특정 지표(indicator)를 스코어링(scoring)으로 수치화하거나, 관계분석(link analysis)으로 개인, 설계사, 특정병원 간의 연관성을 시각화하여 보험사기의 개연성이 높은 경우에 집중 분석하고 수사를 의뢰한다. 향후 활용가능한 데이터가 많아지고 러닝머신, 인공지능(AI) 등을 활용하는 새로운 분석기법의 도입으로 혐의의 개연성을 더욱 높일 수 있을 것으로 기대된다. 그러나, 분석기법의 고도화는 직접증거의 확보수단은 아니므로, 분석에 의한 고도의 개연성을 핵심적인 입증증거의 확보로 연결시키려는 별도의 노력이 필요하다.

최근 법원은 보험사기의 성립요건을 엄격히 하는 추세로, 과다입원의 경우 과거에 일반적으로 인정하던 심평원의 입원 적정성 심사에 대한 증거능력을 제한하고, 정황증거보다는 실제로 진료한 의사소견을 신뢰한다. 입원중 외출, 부재사실만으로는 보험사기를 인정하지 않고, 특별한 사정 또는 부재의 구체적 사유도 증명이 필요하다는 경향으로 보험사기의 고의에 대해 보다 엄격한 증명을 요구한다. 반면, 금감원 등은 국가·공공기관 등이 보유한 정보를 요청할 법적 근거가 미흡하고, 개인정보 관련 법규의 엄격한 제한으로 구체적인 입증증거의 수집에 한계가 있다. 금감원의 주요 조사수단은 보험사에 대한 자료의 제출요구로 보험사기 관계자에 대한 직접적인 진술 청취는 제한된다.

이와 같은 환경에서, 수사기관은 장기간 동안 반복행위로 보험사기의 개연성이 어느 정도 있는 경우에도 오래된 행위는 피의자가 자백하지 않는 한 고의입증이 어려우므로 수사의뢰시에 핵심적인 입증증거를 요구한다. 수사기관이 병원을 압수수색하는 경우에도, 압수수색영장의 청구가 가능할 정도의 입증자료가 필요하므로, 향후, 수사의뢰의 질을 획기적으로 높이거나 입증증거를 제시하지 못하면 수사기피의 원인이 되고, 수사의뢰 자체가 어려워질 수 있다. 이에 대한 대안으로, 민간의 포렌식(forensic) 기술을 증거수집 또는 분석내용의 보완에 활용할 필요가 있다. 포렌식은 특정 매체에서 특정 행위와 관련된 증거를 추출하거나 분석하여 증거로 사용하는 일련의 절차로, 대부분은 수사기관이 법정에서 증거능력을 인정받기 위하여 적법절차에 따라 포렌식 대상을 확보하고, 국과수 등 공신력 있는 기관에 분석의뢰하는 등 절차가 엄격하고, 디지털 증거 압수·수색 및 분석 업무의 수행을 위하여 주로 수사기관을 중심으로 전문가를 양성하고 있다.

정보가 디지털 형태로 유통되는 환경에서의 디지털 포렌식은 핵심적인 증거확보의 수단으로 컴퓨터, 모바일, DB, 파일시스템, 전자화된 이미지 등 대상이 다양하다. 병원과 연관된 허위 과다입원, 허위진단, 허위수술, 진단서 및 사고내용의 조작과 관련된 각종 기록물은 전자형태로 기록된다. 혐의입증은 전자형태의 의료문서(접수절차,[28] 진료표, 물리치료대장, 간호기록지, 외출기록지, 진단서, 진료비 영수증 등), 요양급여 명세서, 심평원 자료전송시스템(EDI) 등 디지털 형태의 기록이나 관련 데이터베이스, 시스템에 대한 자료와 분석이 필요하다. 병원장비의 사용기록도 디지털 형태로 기록되고 흔적(digital scum)을 남기므로 로그기록, 진료기록, 처방기록과 비교시에 유용하다. 인터넷을 기반으로 운영하는 환자 예약프로그램, 고객관리 프로그램(CRM)[29]에 입력된 미용시술, 비용 등에 대한 상담기록과 실제 청구된 내역을 비교하거나, 병원에서 사용하는 요양급여 관리프로그램 DB에는 입력이 되어 있으나 고객관리 프로그램(CRM)에 진료내역이 없다면 허위통원을 의심할 수 있다. 병원을 수사하는 경우에는 범죄의 주체와 자료를 제출하는 주체가 같아, 전자기록을 삭제, 수정, 조작하여 제출할 유인이 있으므로, 삭제 또는 수정한

28) 내원시 병원시스템(EMR)에서 환자 및 차트번호 검색 후 접수되고, DB에는 조회내역이 기록되므로 검색기록이 없다면 병원에 내원하지 않는 것으로 의심할 수 있다. 진료시, 수납시에도 거의 동일하다.

29) 병원은 운영비용 절감, 환자관리(예약, 상담, 수술일정 등), 마케팅을 위해 크라우드 기반의 고객관리 프로그램(CRM)을 사용하는 추세이다.

사실을 확인하거나, 삭제된 내용을 복구하여, 다른 기록지와 내용차이를 확인하여야 한다.[30] 스마트폰은 모든 증거의 보고로 메시지, 통화내용, 위치추적 등 활용범위가 넓다. 현행법의 허용범위 내에서 타임라인, 카카오톡, 인스타그램, 페이스북, 중고나라, 당근 등 각종 SNS를 분석하면, 실제 입원 여부, 특정일에 특정장소(병원)에 존재하지 않았던 사실과 모집책이 텔레그램 등으로 급전이 필요한 사람을 모집하여 고의사고를 유발하는 경우에 게시판에 글을 올린 계정의 웹 히스토리 또는 IP를 추적하면 모르는 타인에 대한 모집활동, 거주지나 상호간에 관계가 없는 장소에서의 조합 등 연결고리를 입증하여 공모 여부를 확인할 수 있다. 과거 자동차 사고의 경우에 주로 물리적·기계공학적인 분석으로 증거를 확보하였으나, 현재 자동차는 전자장비의 총화로, 주요 작동내용이 기록된 자동차 사고기록장치(EDR)의 전자기록을 분석하거나,[31] 삭제된 블랙박스 영상을 복원하면 특정한 작동시스템과 진술 또는 행동의 모순점을 비교할 수 있다.

포렌식을 보험사기 적발·분석시스템(FDS)과 연계하면, 예방

30) 허위환자는 특정일에 일괄적으로 전산입력하는 경우가 많으므로, 정보입력시간과 기록된 DB를 비교하면 허위환자를 확인할 수 있다.

31) 자동차 사고기록장치(EDR)는 에어백 및 엔진의 제어모듈에 내장된 데이터 기록장치로 일정크기(8km/h 이상의 속도) 이상의 충격신호가 발생하면 에어백이 펴지지 않더라도 사고정보는 기록된다.

목적으로 활용할 수 있다. 現적발시스템은 우선 보험금을 지급한 후 사후분석으로 인지하고 필요시에 사건화하고 있으나, 포렌식을 활용하면 보험사기의 인지 및 사건화 시점을 보험사고의 발생이나 보험금의 청구시로 앞당겨 신속한 대응이 가능하다.[32] 예컨대, 웹 크롤링으로[33] 환자의 유인·알선행위가 의심되는 글을 사전에 탐색하여 분석시스템(FDS)상 청구이력과 비교하면, 범죄의 개연성이 높은 혐의자군을 사전에 인지하여 집중관리를 할 수 있다. 특정지역에서 모집 후 서울로 원정치료하는 백내장 수술은 모집책의 연락, 모집, 집합, 이동, 치료행위, 보험금의 청구 등 일련 절차에 따른 동선을 포렌식으로 증거를 확보하여 수사의뢰 및 행정신고(의료법 위반) 등에 활용한다면, 과거 인적이 드문 곳에서 손목치기 수법의 보험사기가 CCTV 및 자동차 블랙박스가 일반화되자 사라진 사례처럼 보험사기를 효과적으로 예방·적발할 수 있다.

탐정업이 일반적으로 허용된 선진국은 민간업체에 의한 포렌식이 상대적으로 활발하다. 우리나라도 제한적으로나마 일부 민간 포렌식 업체가 운영 중으로, 포렌식은 민간부문이 강점을 가지고 향후 발전의 여지가 많은 분야이다. 민간이 포렌식을 할

32) 기존 적발시스템(FDS)상의 정보와 포렌식으로 확보한 최신정보가 결합한다면 강력한 대응도구(tool)가 될 수 있다.

33) 블로그, 카페, 성형 앱 등 웹상에 존재하는 데이터를 주요 키워드로 자동 탐색하는 기술.

수 있는 근거를 마련하고, 대상을 훼손 또는 오염 없이 수집·보존하는 절차를 확립하여 핵심적인 증거확보 수단으로 활용하여야 한다.

제5장

미국, 영국의 대응 시스템

제1절 미 국

1. 일반 개요
2. 州정부의 대응체계
3. 연방정부의 방지체계
4. 조사 및 지원기구
5. 보험사의 조사조직(SIU: Special Investigation Unit)
6. 조사와 관련된 문제들(Issues)
7. 탐정(PI)과 보험사기

제2절 영 국

1. 일반 개요
2. 대응기구
3. 탐정(PI)과 보험사기

제3절 영국의 보험범죄 방지 TF(IFTF, 2015)

1. 문제의 인식과 진단
2. 방지활동의 평가
3. TF 권고안

제4절 미국·영국의 시사점

1. 개 요
2. 시사점

제1절 미　국

1. 일반 개요

미국 보험사기는 탈세와 함께 가장 규모가 큰 경제범죄로, ’80년대 이후 대중의 보험사기에 대한 죄의식이 저하되고,[1] 보험사기조직은 전문화·조직화된 반면, 관련 법규와 대응조직이 정비되지 않아 민영·공영보험의 피해가 급증하여, 본격적인 대응이 시작되었다.

미국은 보험사기 피해금액을 산정하는 일반적인 기준과 기관은 없으나 美보험사기방지연합(CAIF)은 ’22년, 연간 보험사기비용을 약 3,080억불로 추정하면서,[2] 대부분이 소비자에게 전가된다고 발표하였다. 美보험정보원(Insurance Information Institute,

---

1) 美보험사기방지연맹(CAIF)에서 보험사기에 대한 대중인식도를 10년 주기로(1997, 2007년) 추적조사한 결과, 무관용·엄격한 처벌은 30% → 26% 줄어든 반면, 보험회사에 책임이 있다는 비판적인 태도는 20% → 26%로 상승하였다(Four faces, A study on public attitudes from 1997 to 2007, CAIF).

2) ’95년, 연간 손해보험부문(property-casualty insurance)의 보험사기 비용을 800억불로 추정하였다. 이후 update가 이루어지지 않다가, ’22년, Colorado State University Global White Collar Crime TF팀은 건강보험, 근로자 연금보험, 생명·손해보험을 포함한 연간 보험사기의 비용을 3,086억불로 추정하였다.

2017)은 '11~'15년간 지급된 손해보험금(property-casualty insurance)의 약 10%를 보험사기로 인한 피해금액으로 추정하였고, 美은퇴자협회(AARP)는 공영보험인 메디케어(medicare) 부문의 손실금액을 매년 600억불로 평가하였다. 의료보험 분야의 피해금액은 민간과 공영보험을 포함하여 총 의료급부 지출액의 3~10%로, '10년 기준으로 약 770~2,590억불로 추정하였다.

미국은 연방성립 과정의 특성상, 주로 州정부가 전반적인 법집행에 대한 주도권을 가지고 있다. 각 州의 보험사기와 관련된 입법과 제도는 州에 따라 다르나, 보험사기의 조사 및 적발에 보험회사의 역할과 비중이 높은 편으로, 대부분의 州에서는 보험업계의 입장이 어느 정도 반영된 모델법을 근간으로 보험사기를 일반사기와 구분된 특정범죄로 규정한다.[3)] 州보험감독기관은 보험사기조사국(IFB: State Insurance Fraud Bureau)을 두어,[4)] 州의 보험사기 대응업무를 총괄하고, 민간보험사의 보험사기 특별조사팀(SIU) 설치, 데이터 관리기관의 설립 및 공유의 확대, 적발기법의 고도화, 면책조항 및 내부자고발제도(whistle blower)의 도입, 배상명령제도의 인정, 포상금의 지급 등 보험사기의 대응

3) 주로 보험감독자연합(NAIC) 또는 보험입법자연합(NCOIL)의 모델법을 참고하여 각 州의 특성을 반영하여 제정하였다.

4) 보험사기조사국(IFB)은 州에 따라 Department of Insurance Fraud Unit, Insurance Fraud Investigation Division, Insurance Division's Fraud Bureau, Fraud Prevention Division 등 다양한 명칭으로 운영된다.

에 다양한 제도와 수단을 활용한다. 미국은 개인정보보호와 관련된 연방 차원의 일반적인 법규가 없고, 공공부문의 프라이버시 보호법(The Privacy Act of 1974), 민간부문의 온라인 아동 프라이버시 보호법(The Children's Online Privacy Protection Act), 건강보험의 이전과 책임에 관한 법(Health Insurance Portability and Accountability Act: HIPAA),[5] 전자통신 부문의 프라이버시 보호법(The Electronic Communication Privacy Act) 등 개별 영역별 또는 특정 산업별로 규제한다. 일반에게 공개된 공공기록(public record), 법원기록, 정부보유 정보, 지원DB의 활용과 검색, 감시(surveillance)·미행, 면접(interview)·탐문 등 다양한 수단과 특화된 기술을 이용하여 수집한 정보를 가공하고 상품화하여 판매하는 업체가 활성화되어, 보험사기 방지시스템(FDS)의 구축과 운용, 보험사기의 조사에 보험사의 특별조사팀(SIU) 및 탐정(PI: private investigator)을 활용할 수 있는 여건이 비교적 양호하다.

한편, 보험사의 자금(funding)을 법집행기관에 지원하여 관련 수사를 진행하여 공정성에 대한 의문과 보험사가 광범위한 면책조항을 이용하여 상대방을 압박하기 위하여 조사와 수사의뢰를

5) 민감한 환자의 건강정보가 환자의 동의 없이 공개되지 않도록 건강정보의 사용 및 공개방법 등을 규정한 연방법으로, 병원 등 의료관련 단체, 의료보험회사, 변호사·회계사 사무실, 건강관리정보시스템의 구축회사 등이 적용대상이다.

남용하는 문제가 제기되었다. 보험사의 성과지향적 문화로 주로 성과가 쉽게 나타날 수 있는 사회초년생 등 사회적 약자를 대상으로 조사가 집중된다는 비판과 데이터의 부실한 관리로 보험사기 조사에 부정확한 데이터를 사용하여 억울한 피해자가 발생하는 사례도 지적되었다. 보험감독청은 소관부서를 두고 보험사의 보험사기 방지활동에 대한 정기 보고, 보험사에 대한 평가프로그램의 구축, 보험사 SIU의 보험감독청에 대한 보고의무 등의 법제화와 보험사에 대한 지도·감독을 강화하여 부작용의 방지를 위하여 노력하고 있다.

2. 州정부의 대응체계

1) 州 보험사기방지법(Insurance Fraud Prevention Act: IFPA)

대부분의 州는 보험사기방지법(IFPA)에 보험사기를 일반사기와 구별하여 특정범죄로 규정하고, 보험사기의 정의, 적용 대상, 처벌을 형법(Penal Code)에 규정한다. 유일하게 보험사기를 별도의 특정범죄로 규정하지 않는 오레곤州도 일반사기(fraud by deception)로 처벌하므로, 모든 州에서 보험사기를 처벌한다. 대부분 州의 보험사기방지법(IFPA)은 보험사의 보험사기 방지활동 및 방지조직(SIU)의 설치,[6] 방지계획의 연례 보고, 보험사기 의심건에 대한 감독기관에 신고의무,[7] 법집행기관의 요구시 혐의자에 대한 정보제공의 의무 등을 규정한다. 일부 州는 보험사기의 주체로 보험소비자, 대리인(agent), 손해사정사의 불법행위와 보험자가 합법적인 청구를 고의로(knowingly) 거절하는 경우를 사기의 범주로 포함한다.[8]

〈각 주 보험사기방지법의 주요 내용〉[9]

내용	개요
보험사기 정의	고의로 보험가입 신청서, 보험금 청구서를 허위신고하여 당연히 내야 할 보험료를 사취하거나 부당하게 보험금을 받은 등의 행위[10]
형사처벌	경죄(MISD)와 중죄(felony)로 처벌하고, 가중처벌을 규정
통보의무	보험회사, 보험대리점, 브로커 등 감독기관에 통보의무를 부과
면책규정	보험감독기관에 보고, 타 보험사와 정보교환 등에 대하여 악의가 없는 한 명예훼손, 민사책임 등으로부터의 면책을 명문화

〈계속〉

6) 22개 州와 DC에서 보험사기 방지계획의 수립 및 SIU 설치·운영을 의무화하였다.

7) 44개 州에서 보험범죄 인지시 감독기관에 보고를 의무화하였다.

8) 뉴햄프셔 보험감독청은 사기를 "… or when an insurer knowingly denies someone's legitimate claim(보험자가 고의로 합법적인 청구를 거절한 때)"로 규정하여, 보험자를 사기의 주체로 명시하고 있다.

9) 각 주의 보험사기조사국(IFB), 미국보험사기방지연맹(CAIF), 보험범죄방지기구(NICB) 등의 홈페이지를 참고하여 정리한 내용이다.

10) 보험금 청구사기(claim fraud) 외에도 보험료를 적게 부담하기 위한 가입신청 사기(application fraud)를 보험사기의 범주에 포함한다.

경고의무	보험금 청구서 등에 보험사기 방지문구의 삽입을 의무화[11)]
IFB의 설치	州정부에 보험사기의 체포·수사를 수행하는 보험사기조사국을 설치
보험사기 방지계획	보험사기의 억제 및 조사를 위한 방지계획의 수립, 활동결과에 대한 보험감독기관에 제출의무를 부과
SIU 설치 의무화	보험사기 조사, U/W, Claim 부서를 포함하여 보험사기 방지활동을 총괄·관리하는 SIU의 설치
현장확인 의무	차량도난을 가장한 보험사기의 방지를 위해 사진제출 등 피보험자동차의 현존상태에 대한 확인을 규정

2) 조사 및 수사

대부분의 州(42개 州와 DC)는 보험감독기관에 州보험사기조사국(IFB: Insurance Fraud Bureau)을 두고, 일부 주는 보험사기조사국(IFB)의 수사관(sworn police, detective)에게 사법경찰권을 부여한다. 일반적으로 州 IFB는 거의 모든 종류의 보험사기를 조사하나, 일부 州는 조사대상을 건강보험(Health Insurance) 또는 근로자 연금보험(Worker's Compensation) 등 특정 종목으로 제한한다. 미국의 일반적인 수사의 주재자 및 주체는 경찰이, 공소의 제기 및 유지는 검찰이 담당하는 상호협력관계로, 보험사기의 수사는 州보험감독기관(IFB), 경찰, 州법무부(State Attorney General), 지역검찰(County DA Office)[12)] 등의 법집행기관과 보

11)보험사기 행위의 처벌 등 경고문구(public fraud warnings)를 클레임(claim)의 청구양식에 인쇄한다.

12) 각 카운티(county)의 선출직 정부기관으로 검사(assistant district attorney)

험사의 특별조사팀(SIU), 美보험범죄 조사기구(NICB), 美보험사기방지연맹(CAIF) 등의 민간기구가 협업한다.[13] 보험감독청, 보험관련단체, 보험사는 보험사기의 상담 및 신고센터를 운영하고, 대부분의 州(43개주와 DC)는 보험자 또는 보험업 관련종사자가 보험사기 의심건을 발견하는 경우에 감독기관에 보고의무를 규정하여 조사와 수사를 지원한다.

3) 처 벌

보험사기, 보험업에 대한 규제·감독, 조사·처벌은 주로 州의 권한으로, 州마다 보험사기의 정의, 처벌대상, 처벌수준이 상이하므로, 비슷한 유형의 보험사기도 州에 따라 중죄(felony) 또는 경죄(MISD)가 다르게 적용된다. 플로리다州는 보험금을 노린 건물 방화(setting fire to a building)와 같이 특정유형의 범죄를 보험사기로 별도로 규정하여 처벌하기도 한다. 뉴욕州는 형법전(Penal Law, Article 176)에 보험사기를 일반보험사기(Insurance Fraud)와 보험계약의 매매사기[14](Fraudulent Life Settlement)로 구분하

또는 수사관을 고용하여 형사법 위반사항을 관할한다. 직접 수사를 하는 경우도 있으나 보통은 경찰이 수사하면 기소 여부를 결정한다.

13) 보험사기를 신고하면, 州법(public disclosure law)에 따라 신고자의 동의를 전제로 보험감독자연합(NAIC), 법집행기관 등에 관련정보를 제공한다.

14) 사망 임박, 실직, 은퇴 등 사정변경이 있는 경우, 생명보험을 일정한 요건하에 제3자(투자자)에게 합법적으로 매매한다.

고, 편취금액에 따라 5단계의 등급을 적용하여 경죄(A MISD) 또는 중죄(B~E felony)로 세분화하여 처벌한다.[15] 뉴욕 보험법은 형사처벌 외에도 5,000불 내의 민사제재금(civil penalty)을 별도로 부과한다.

〈뉴욕주의 보험사기 처벌〉

일반보험사기			보험계약의 매매사기		
편취금액	처벌등급	적용	편취금액	처벌등급	적용
단순·경미 위반	5등급	A MISD	단순·경미 위반	5등급	A MISD
1,000$ 이상	4등급	E Felony	25,000$ 이상	4등급	E Felony
3,000$ 이상	3등급	D Felony	50,000$ 이상	3등급	D Felony
50,000$ 이상	2등급	C Felony	100,000$이상	2등급	C Felony
백만$ 이상	1등급	B Felony	백만$ 이상	1등급	B Felony

텍사스州는 형법전(Penal Code)에 보험사기행위를 정의하고,[16] 부정 청구(the value of the claim)의 가액과 위험성을 고려하여 경죄 또는 중죄로[17] 처벌한다. 청구요구액에 따라 100$ 미

15) 뉴욕州는 범죄행위를 중죄(felony), 경죄(misdemeaner), 위반(violation), 교통위반(traffic infraction)으로 구분하여 중죄는 5단계로 1년 이상, 경죄는 A·B로 15일~1년, 위반행위(violation)는 15일 미만으로 처벌한다.

16) Title 7, Chapter 35 Insurance Fraud.

17) 텍사스州는 범죄행위를 중죄(felony)와 경죄(misdemeaner)로 구분하고, 중죄는 5단계로 180일~종신형, 경죄는(A·B·C) 벌금 및 1년 이하의 징역으로 처벌한다.

만은 C MISD, 100~750$은 B MISD, 750~2,500$은 A MISD, 2,500~30,000$은 state jail felony(felony 5등급 중 가장 낮은 등급), 30,000~150,000$은 3등급 felony, 150,000~300,000$은 2등급 felony, 300,000$ 이상 또는 사망위험 · 심각한 부상 야기 시에는 1등급 중죄(felony)를 적용한다.

4) 보험사기 방지시스템(FDS)의 구축

통상 보험사기 방지시스템(FDS)의 구축은 U/W, 보험계약의 갱신, 보험금 지급 등 일반업무 처리의 지원과 동시에 보험사기 의심건, 신종 보험사기를 신속히 인식하고 경보(red flag)를 발령하여 조사지원에 활용할 수 있어야 한다. 지금까지 주로 사용해 온 개인 중심의 단편적, 과거 지향적인 지표(indicator)는 데이터의 부족과 부정확한 데이터로 탐지 누락률이 높고, 잘못된 탐지로 추가조사에 많은 인적 · 물적 비용이 소요되었다. 반면, 많은 양질의 데이터가 필요한 조직적인 사기, 최신기법의 신종 · 변종 사기, 비정형적 사기, 여러 보험사가 관련된 보험사기의 탐지는 한계가 있었다. 보험사기의 조사는 활용가능한 모든 데이터를 이용한 종합적인 판단과정이므로, 조사기법의 고도화를 위해서는 많은 양질의 데이터와 예측모델링, 링크분석, 인공지능(AI) 등 데이터를 효율적으로 활용하는 기술, 공공기관 및 민간이 보유한 광범위한 IT자원(resource)의 통합 활용이 필요하다. '21년,

보험사기에 대한 적발기술에 대한 연구(State of Insurance Fraud Technology Study)도 민간보험사가 보험사기에 대한 탐지와 방지를 위하여 예측모델링을 빠른 속도로 도입·적용하고 있는 추세를 확인하였다.[18]

한편, 디지털화된 탐지시스템을 외주 형식으로 외부전문가나 구축자를 중심으로 운용하여 알고리즘이나 메커니즘에 대한 의존이 심화되고, 기술적인 시스템을 과신하여 전문기술을 가진 인적자원이 감소하면, 사기에 대한 민감도가 저하되어 대응능력이 약화되는 영역이 발생한다. 데이터를 활용한 탐지기법은 자동차보험 또는 의료와 관련된 일부 분야에서는 예측 및 적발에 유용하나, 연성보험사기에 대해서는 상대적으로 활용이 제한되고, 소규모회사는 최신 보험사기 방지기술의 적용이 늦어질 수 있는 점을 고려해야 한다.

5) 면책조항(Immunity Statutes)

1990년대, 미국 보험업계는 총지급 보험금의 약 10%를 보험사기로 인한 피해금액으로 추정하면서, 보험사기에 대한 신고 활성화와 신고자, 보험업자, 조사기관, 법집행기관 간 원활한 정

18) 보험사기의 탐지 및 기술향상을 위하여 美보험사기 방지연맹(CAIF)과 민간업체인 SAS사가 '12년부터 2년주기로 조사한다. 예측모델을 활용 중인 보험사는 '18년, 50% → '21년, 80%로 증가하였고, 미활용 보험사의 71%도 향후 신규투자를 고려하고 있다고 응답하였다.

보교류를 위해 악의 없는 한 명예훼손, 프라이버시(privacy)의 침해, 민사배상책임에 대한 면책(immunity statutes)을 법제화하였다. 대부분의 州는 누구나(일부 보험관련 종사자에게는 신고의무를 부과) 보험사기를 신고할 수 있도록 규정하면서, 면책을 법집행기관, 州보험사기방지국(IFB) 등에 신고하는 경우에 한하여 인정하거나 일부 州는 보험감독자연합회(NAIC) 또는 美보험사기방지연맹(CAIF)에 신고할 때도 면책을 인정한다.

캘리포니아州는 보험사업자, 보험사업자의 피고용인, 보험대리인(agent)이 보험사기와 관련된 정보를 보험감독청(CDI)의 사기조사부서(fraud division)를 포함한 법집행기관에 신고시 면책한다.[19] 텍사스(Texas)州는 보험감독청장과 소속직원의 업무상 행위에 대한 면책과 보험사기를 행하려 하거나 행한 자와 관련된 정보를 보험감독청, 법집행기관, 보험감독자연합회(NAIC), 연방수사기관에 제공한 자에 대한 면책, 수사 및 수사와 관련된 보고서의 배포에 대한 면책, 보험감독청 등의 연례 정기보고서의 활용시 면책 등 면책의 대상과 범위를 구체적으로 규정한다. 와이오밍(Wyoming), 미시시피(Mississippi) 등은 방화(arson)에

19) 캘리포니아州 보험법(The Insurance Code)에 "No insurer, or the employees or agents of any insurer, shall be subject to civil liability for libel, slander, or any other relevant cause of action by virtue of providing information concerning a Suspected Fraudulent Claim(SFC) to law enforcement, including the California Department of Insurance, Fraud Division"으로 규정한다.

대하여만, 로드 아일랜드(Rhode Island)는 방화와 자동차 보험사기에 대해서 면책을 인정한다.

6) 내부고발제도(Whistle Blower)

캘리포니아(California)와 일리노이(Illinois) 州의 보험사기 청구방지법(Insurance Claims Fraud Prevention Act)은 민영보험사를 대상으로 한 보험사기에 대하여 내부고발(whistle blower) 또는 내부고발자가 직접 소송을 제기할 수 있도록 허용하고, 보상금과 소송비용으로 회복금액의 30~50%를 지급한다. 이는 연방이 운영하는 공영보험(medicare, medicaid)에[20] 대한 사기방지와 피해금의 회수를 위하여 연방법인 허위청구금지법(The Civil False Claims Act)에 내부고발을 허용하고, 보험사기 신고시에 환수금액의 15~30%의 인센티브를 지급하여 성과를 내자,[21] 해당 州에서 연방제도를 도입한 것이다. 캘리포니아 보험사기방지법(CIFPA)은 개인이나 회사가 보험사기를 저지른 합리적인 의심이 있는 경우, 내부고발자가 개인 및 회사를 상대로 소송을 제기할

20) medicare는 노년층을, medicaid는 저소득층을 대상으로 한 공공보험이다.

21) 허위청구방지법(The Civil False Claims Act)을 위반한 환수실적은, '17년, 21억불 → '18년, 23억불 → '19년, 26억불로 매년 증가하였다. '19년 환수금액 중 내부고발자에 의한 환수는 19.09억불, Non-whistle Blower에 의한 환수는 6.95억불로, 포상금(legal award)으로 2.44억불을 지급하였다(U.S. Justice Department 통계).

수 있으므로,[22] 내부고발자는 공영보험(medicare, medicaid)을 관리하는 관계기관 또는 州보험감독기관(IFB)에 신고하거나, 피고(사기범)를 대상으로 직접 소송제기도 가능하다. 내부고발자가 신고 또는 소송을 제기하여 정부기관의 개입 없이 개인이 관련 절차를 진행하는 경우(not intervene)와 보험감독청(CDI) 또는 지방검사(DA)가 사건을 인수(intervene)하여 조사하는 경우를 구분하여 포상금을 차등하여 지급한다. 지방검사(DA) 또는 보험감독청장(insurance commissioner)이 개입(intervene)하여 조사시에 내부고발자가 협력하면 환수금액의 30~40%를, 감독기관이 개입하지 않아(not intervene) 개인이 소송을 제기하여 승소하면 환수금액의 40~50%를 지급한다.

7) 배상명령제도(Restitution)

연방법(U.S.Code)은 특정범죄의 피해자에 대한 의무배상을 규정하고,[23] 이를 반영한 강제배상법(Mandatory Victims Restitution Act of 1996)은 특정 연방범죄에 의한 재산피해, 신체상해, 소득손실, 사망에 대하여 배상명령을 의무화하여, 형사사건에서 법원이 선고의 일부로서 보험사기로 확정된 피고인에게 범죄결과로 입은 손실에 대해 피해자에게 보상하도록 명령한다. 법원은

22) 퀴탐소송(qui tam lawsuit)은 왕을 대신하여 소송을 제기한데서 유래한다.
23) 18 U.S.Code 3663A.

유죄판결시 피해자(보험사)에게 배상금의 지불 또는 보험사기 조사관서에서 소요된 조사 및 기소비용에 대하여 지불명령을 할 수 있다. 아이오와(Iwoa)州는 '18년, 보험사업자를 보험범죄의 피해자로 명시적으로 인정함으로써 보험사업자가 보험사기자로부터 배상명령을 받을 수 있는 권리를 인정하였다. 변상범위로 텍사스州는 보험사기에 대한 유죄판결시 형의 선고와 동시에 재판비용(court cost), 변호사비용(attorney fees)이 포함한 배상명령과[24] 민사제재금(civil penalty)을 부과한다. 캘리포니아州는 이미 제공된 모든 의료비 또는 치료서비스 비용을, 플로리다州와 켄터키州는 합리적 조사를 통한 피해액, 소송비용, 변호사비용으로 배상범위를 제한한다. 뉴햄프셔州는 산재보험에 대한 사기에 대해서만 배상요구가 가능한 반면, 노스캐롤라이나州는 모든 사건에 대하여 배상을 허용하는 등 州에 따라 대상과 인정범위가 다양하다.

3. 연방정부의 방지체계

연방법은 보험사기에 대하여 명확한 규정은 없으나, 연방법인 폭력범죄의 통제 및 집행법(The Violent Crime Control and Law

24) 텍사스 형사소송법(Texas Code of Criminal Procedure, 42.037)은 범죄 피해자에게 배상금의 지급을 규정한다.

Enforcement Act, 1994)의 일부로, 연방보험사기법(Federal Insurance Fraud Prevention Law)을 제정하였다.[25] 동법은 州간 보험업 종사자의 보험사기행위와 보험사 직원, 대리인(agent)의 횡령행위 또는 州간 상거래에 영향을 미치는 보험사기행위를 연방범죄로 규정하고, 보험회사 등에 의한 사기적 행위도 보험사기(insurance fraud)의 범주에 포함하여 표현하고 있다. 공영보험의 성격인 노인 의료보장(medicare), 빈곤층 의료보장(medicaid), 건강보험(health care) 등에 대한 보험사기는 주로 연방법 위반에 해당한다.

의사의 불법처방, 사망, 살인 등과 관련된 보험사기행위는 州법과 연방법 위반에도 해당한다. 우편이나 메일을 보험사기의 수단으로 이용하면 해당 州의 보험사기와 연방법상 메일을 이용한 사기행위에도 해당된다.[26] 연방수사국(FBI)은 연방 및 민간보험 프로그램에 대한 의료사기를 조사하는 주요 기관으로, 보험사기로 연방법을 위반하거나 여러 주에 걸친 州간 보험사기는 州보험감독청, 州법집행기관, 보험회사 등과 연방수사국(FBI)이 협업으로 수사하고, 연방 법무부(U.S. Department of Justice)의 연방검사가 기소를 담당한다. 보통 연방에서 기소하면 州에서는

25) USC Title 18 Chapter 47 Section 1033, 1034.

26) 메일을 이용한 사기(federal mail fraud) 또는 전기통신을 이용한 사기(federal wire fraud)는 연방법을 적용하여 처벌할 수 있다.

기소하지 않는다는 명문규정을 두어 이중처벌문제를 해결한다.

4. 조사 및 지원기구

1) 州보험사기조사국(IFB: Insurance Fraud Bureau)

42개 州와 DC에서 州보험법에 따라 설치된 州의 중추적인 법집행기관으로 보험사기에 대한 신고접수, 조사와 처벌, 교육·홍보, 보험사의 관리 및 평가 등 광범위한 업무를 수행한다. 州에 따라 조직의 명칭, 운영주체, 인적 구성 및 규모,[27] 운영예산은 차이가 있으나, 대부분의 州는 조사부서 및 소속 수사관(detective, sworn peace officer)을 두고 검·경찰, 연방수사국(FBI), 보험사 등과 공조하면서 조사와 수사, 법집행기관을 지원한다. 州에 따라서 보험회사의 보험사기 방지계획과 예방노력을 평가·관리하는 전담부서를 두고 있다.[28]

IFB 운영은 주에 따라 차이가 있다. 캘리포니아州는 보험감독

---

27) 주로 조사원(investigator), 변호사(lawyer), 분석원(analyst), 행정직(administrative) 등으로 구성된다.

28) 캘리포니아州는 SIU 준법 감시프로그램(Compliance Review Program)에 따라 사기 대응부서(Fraud Division)의 준법감시실(SIU Compliance Office)에서 매년 보험사가 제출한 SIU 연례보고서(annual report)를 평가한다.

청(CDI)의 법집행국(Enforcement Branch)에 사기조사과(Fraud Division)와 보험조사과(Investigation Division)를 두고 경제범죄, 보험사기와 관련된 수사, 규제위반행위의 조사 등의 자체적인 법집행활동과 경찰, 지방검사(district attorney: DA) 등의 법집행기관을 지원한다. 사기조사과(Fraud Division)의 수사관(detective)은 사법경찰관(sworn peace officer)으로서, 자동차 보험사기(automobile fraud) 등 4개 분야의 보험사기,[29] 지하 경제사범, 제약 및 재해와 관련된 사기의 조사, 영장의 청구 및 집행, 체포, 법정증언, 컴퓨터 포렌식(forensic)의 활동을 하고, 보험조사과(Investigation Division)는 보험회사, 중개인, 손해사정사의 보험금 횡령, 사기판매, 무인가 판매 등 주로 보험업 종사자의 법규정 위반을 조사한다.

뉴욕州는 금융영업행위 감독청(Department of Financial Services)의 보험사기방지국(The Insurance Division/Insurance Frauds Bureau)은 보험사기의 탐지, 수사, 예방 등의 업무를 수행한다. 보험사기방지국의 수사관(investigator)은 직능별로 특화된 경찰관(unit)으로, 무기소지 및 체포권한이 있고 보험업계, 법집행기관과 협력하면서 조사 및 수사를 진행한다. 뉴욕주는 보험법에

---

29) 자동차보험 사기(automobile insurance fraud), 근로자 연금보험 사기(worker's compensation fraud), 손해 및 상해·생명보험 사기(property, life and casualty fraud), 장애 및 건강보험 사기(disability and healthcare fraud).

따라 3,000명 이상의 개인보험가입자나 단체보험증권을 발행한 보험회사, 60,000명 이상의 등록자가 있는 건강유지기구는 보험사기 방지계획을 제출하고 승인을 받아야 한다. 보험사기방지국(IFB)은 보험사가 제출한 보험사기 방지계획(fraud prevention plans)을 점검·승인하고, 매년 연례보고서(annual report)에 보험사기 관련통계를 발표한다. 보험총괄부서(Insurance Division)의 보험감독관(Insurance Examiner)은 보험회사의 법규 준수 및 불법행위를 감독한다.

매사추세츠州 IFB는 '90년 州법에 따라 설립되고 보험업계의 재정지원(funding)으로 운영되는 준정부기관의 성격으로 보험사기 수사, 예방, 분석, 지원부서를 두고, 지역의 보험사기 방지프로그램(Community-based Insurance Fraud Initiative: CIFI)에 참여한다. 모든 종류의 보험사기 수사가 가능하나 자동차, 근로자연금보험협회에서 재정지원을 받으므로, 주로 관련분야의 수사에 집중한다. 보험회사의 SIU, 지역·주·연방의 법집행기관과 협조하면서 조사 후, 사건의 유형이나 복잡도, 관할을 고려하여 지역검사실(DA), 州법무부(Attorney General's Office), 연방검사실(United States Attorney's Office)에 수사를 의뢰한다.[30] 뉴저지州는 검찰청 보험사기 검사실(OIFP: Office of the Insurance Fraud

30) '18년, 매사추세츠 IFB는 지방검사실(DA)에 256건, 연방검사실(United States Attorney's Office)에 4건, 州법무부(Attorney General's Office)에 16건의 보험사기를 보고하였다('18년, Massachusetts IFB 연례보고서).

Prosecutor)의 의료사기 대응팀(MFCU: Medical Fraud Control Unit)에서 보험범죄수사를 총괄하고, 보험사기 사례 발표 및 방지 캠페인, 제보자 포상,[31] 연례보고서(annual report)를 발간한다.

IFB의 운영예산은 州에 따라 일반회계로 편성, 보험사로부터 갹출(funding), 보험계약당 일정금액을 부과, 보험사기범 또는 보험사의 과징금으로 충당하는 등 다양하다.

〈IFB의 운영예산〉

예산형태	적용 州	내용
일반회계	뉴욕, 아이오와, 알래스카, 텍사스	매년, 州의 일반예산에 포함하여 편성
보험사의 분담금	캘리포니아, 뉴저지, 델라웨어, 매사추세츠, 애리조나, 매릴랜드	州의 일반회계에 종속되지 않고, 보험사를 평가하여 갹출(funding) 규모를 결정
보험계약에 부과	캘리포니아	자동차 절도와 사기 방지를 위해 자동차와 관련된 보험계약당 일정 금액을 부과[32]
제재금 민사벌금	사우스캐롤라이나 (South Carolina)	행정벌 위반자, 보험사기범 등으로부터 징수(administrative fine, civil fine 등)

출처: CAIF home page

31) 포상금 신청은 정보를 제공한 날부터 30일 이내에 신청하고, 최초 신고에 한해 보험범죄로 확정되는 경우 지급한다.

32) Auto Insurance Claim Act를 근거로 계약당 1불의 공제금을 부과한다.

2) 美보험범죄방지기구(NICB: National Insurance Crime Bureau)

'92년, 차량도난 조사 및 데이터 관리기구(NATB)와 보험범죄예방기구(ICPI)를 합병한 기구로, 손해보험사, 자동차 렌트·경매회사를 주축으로 구성된 민간의 비영리 지원조직이다. 자동차와 관련된 범죄정보의 수집, 데이터의 분석 및 조사, 신고센터의 운영, 법집행기관에 대한 공조·지원,[33] 보험사 및 법집행기관의 교육,[34] 입법지원 등의 활동을 한다. 조직적·상습적 보험사기가 의심되는 경우에는 회원사에 경보 발령, 관련 정보를 제공하여 보험사 SIU의 조사를 지원하고, 차량식별번호 제공서비스(VIN check)를 통하여 NICB가 보유한 도난차, 사고차(전손차) 정보를 법집행기관, 보험사, 일반인에게도 제공한다.[35]

3) 美보험사기방지연맹(CAIF: Coalition Against Insurance Fraud)

보험사기에 대한 공동대응을 위하여 소비자기구, 정부기구,

33) The NICB Investigative Assistance(IA)는 법집행기관에게 자동차와 관련된 자료를 제공하는 정보센터의 역할을 한다.

34) 美보험범죄 교육아카데미(NICTA: National Insurance Crime Training Academy).

35) '05년, 허리케인 카트리나 후, 침수차량의 식별번호(VIN: vehicle identification number)와 보트선체의 식별번호(CHIN)를 관리·제공한다.

보험자단체 등 관련기관이 연합하여 1993년에 설립한 비영리 민간조직으로 보험사기의 처벌강화 등 입법지원, 교육·홍보, 수사지원 등의 활동을 한다.

4) 보험감독자연합회(NAIC: National Association of Insurance Commissioners)

美 51개 州의 보험감독청장(Commissioners)의 모임으로 소비자 보호, 보험사의 건전성 유지 등과 관련된 감독정보의 공유, 지침제공 등의 역할을 한다. 보험사기방지 모델법(Insurance Fraud Prevention Model Act)과 모델 규정(Model Regulation), 보험사기 방지지침(Guideline), 자동차 보험사기 방지지침(Automobile Insurance Fraud Guideline)을 제정하였다. 미국 20개 州는 보험감독자연합회(NAIC)의 보험사기방지 모델규정(Antifraud Plan Guideline, Model Regulation)을 채택하여, 보험회사의 보험사기 방지계획의 작성과 제출을 의무화하였고,[36] 州보험감독청은 방지계획의 적정 여부를 점검한다. 그 밖에도 보험사기 DB 및 정보의 이용,[37] 보험소비자, 보험관련 종사자가 사기의심행위를 발견하는 경우 보험감독청 및 관련기관에 보고하는 수단, 양식, 권고사

---

36) 보험사의 보험사기 방지계획은 인가 후 90일 이내, 매 5년마다 수정 후 30일 이내에 감독 당국에 제출을 규정한다(Section 3, 8).

37) Application and use of insurance fraud-related databases and sources of information(A guide for state insurance departments).

항 등 사기 의심건에 대한 州 보험감독기관(IFB)에 보고 가이드라인을 제시한다.

〈NAIC의 보험사기방지 가이드라인〉

○ 보험감독자연합회의 보험사기방지 가이드라인에 의한 보험사기 방지계획에는 아래와 같은 내용을 포함한다(Section 4).

① 보험회사 또는 SIU는 보험종목별 특성을 고려하여 작성

② SIU의 내부 또는 외부조직 여부, 조직도

③ 보험사기 관련 대국민 홍보 등 관련된 사항

④ SIU가 외부기관인 경우, SIU와 보험회사 간 계약에 따라 보험회사의 정책과 절차를 준수한다는 내용

⑤ 보험회사의 보험사기 방지정책 및 인지절차(detection procedures), 의심스러운 보험금 청구 및 보험계약의 인수시 내부 보고와 관련된 사항, SIU의 보험사기조사 프로그램

⑥ 감독 당국에 대한 보험사기 보고절차 및 보험사기 방지교육에 관한 사항

⑦ 보험회사 내부직원에 의한 보험사기 인지와 방지관련 사항

⑧ 18USC 1033 & 1034 및 감독당국의 규정 준수 관련 사항(Section 5, 6)

⑨ 보험사기 방지계획의 비밀준수 관련 사항(Section 7)

5) 美보험서비스 사무소(ISO: Insurance Services Offices)

손해보험사의 보험료 산출, 리스크 평가와 관련된 서비스 제공, 보험사기의 예방 및 조사지원을 위하여 ISO 클레임 서치(claim search)와 A-PLUS DB를[38] 운영한다. ISO 클레임 서치는 화재보험, 노동재해보험, 자동차보험, 의료보험 등이 포함된 보험업계의 보험금청구내역을 통합한 종합적 데이터베이스로, 회원 보험사로부터 수집한 데이터를 수집·가공하여, 회원사(보험회사, 재보험사, 보험중개인 등), 법집행기관, 감독기관에 제공한다. 보험금청구 조사서비스(claims inquiry service)는 보험회사가 보험금의 지급 청구를 받아 ISO에 통보하면, ISO가 보험회사의 데이터를 통합하여 피보험자, 운전자, 보험금청구자, 담당 변호사, 의료제공자 등에 대하여 연계성을 분석하고 부정청구가 의심되면, 사기 의심자를 보험사의 SIU에 통보하여 조사한다.

6) 美SIU협회(IASIU: International Association of SIU)

'80년대 급증하는 보험사기에 공동대응을 위하여 보험회사 SIU를 중심으로 설립된 비영리 민간단체로 보험업 관련 종사자와 조사관에 대한 교육·훈련, 최신정보의 제공, 자격시험의 관

---

38) A-PLUS(Automobile-Property Loss Underwriting System)는 개인 및 기업물건의 인수시 참고할 수 있는 재물, 배상보험금 등에 대한 청구 데이터를 관리한다.

리,[39] 입법지원 등의 역할을 한다. 이사회(board of directors)와 분과위원회(committee), 지역지부를 운영하고, 운영재원은 연회비, 자격증의 발급 및 관리, 각종 세미나 참가비로 충당한다.

5. 보험사의 조사조직(SIU: Special Investigation Unit)

1980년대 후반, 급증하는 보험사기에 대응하기 위하여 보험회사는 보험사기의 예방, 교육, 조사, 수사의뢰 등 보험사기 방지대책을 총괄하고 관리하는 전문조직(SIU)을 설립하였다. 대부분 州는 보험법 또는 감독규정(regulations)으로 보험회사의 SIU 설치를 의무화하고, 감독기관에 보험사기 방지대책의 정기보고 및 평가, 보험사기 의심건에 대하여 보험감독기관에 보고(통지) 의무를 규정한다. SIU설치를 의무화하지 않는 州에서도, 감독규정에 보험사기의 의심 또는 발견시에 감독기관에 대한 보고 의무를 규정하는 사례가 있다. SIU는 전직 법집행기관, 변호사, 회계사 등 다양한 출신으로 구성되어, 독립조직과 예산으로 보험회사의 내부 또는 외부에 위탁형식으로 운영한다. SIU는 보험회사에 소속된 직원으로 업무의 성격상 소비자 보호와 상충되는 면이 있으므로, 보험감독청은 지도·감독을 강화하여

---

39) 보험사기조사원(CIFI), 보험사기분석사(CIFA), 보험사기상담사(CIFR)의 자격시험을 주관하고 관리한다.

보완한다.

SIU는 보험사에서 보험사기와 관련된 업무를 총괄한다. 보험사기 인지 또는 의심시에 분석 및 조사, 증거를 수집하여 보험사 내부에서 보험금의 지급·부지급 결정 또는 보험계약의 해지에 활용하고, 조사결과에 따라 보험감독기관(州IFB), 보험범죄방지기구(NICB) 등에 보고하고,[40] 필요시 법집행기관(경찰, DA)에 수사를 의뢰한다. 보험사 내부의 보험계약 인수 및 클레임(claim)부서가 보험사기를 인지하는 경우에 SIU 부서에 통보 또는 보험감독청에 보고하는 절차에 대한 관리와 교육·연수를 총괄하고, 州보험감독기관에 SIU 적정운영의 소명 등 평가관련 업무를 수행한다.

설치 및 운영은 州에 따라 차이가 있다. 캘리포니아州는 보험법(California Insurance Code)과 감독규정(California Code of Regulations)에 보험사 SIU의 설치와 운영을 법제화하였다. 회사내(in-house) 또는 외주(outside SIU)운영을 허용하고, 보험사기의 발견시 보험감독청 또는 지방검사(DA)에게[41] 보고의무를 규정한다. 보험감독청(CDI)은 법령과 규정서식에 따라 매년 보험

40) 예컨대, 아이오와(Iowa)州는 보험사기가 의심되는 클레임을 접수하는 경우에는 60일 이내에 보험감독기관에 신고를 규정한다.

41) 캘리포니아州의 지방검사(DA)에 대한 보고의무는 근로자연금보험(worker's compensation)과 관련된 보험사기에 한한다.

사업자가 제출한 SIU 운영연례보고서를 보험감독청(CDI)의 사기조사과(Fraud Division)의 SIU준법감시실(Compliance Office)에서 SIU 준법감시 평가프로그램(compliance review program)에 따라 평가하고, SIU(위탁업체 포함)의 법령준수 여부를 검사한다.

〈캘리포니아州 SIU 감독규정(Regulations, 2005)[42]의 주요내용〉

- ○ (설치 및 운영) 보험사업자는 보험사기방지법(IFPA)과 SIU감독규정(Regulations)에 따라 SIU를 설치·운영
- ○ (구성) 보험계약, 클레임의 수, 사기의 위험요소를 고려하여 적정 인원을 확보하고, SIU의 선발시에는 지식·경험·능력·보험관련법의 이해 등을 반영
- ○ (자료제공) 감독기관, 정부기관(authorized governmental agency)의 요구자료는 적시에, 최대 30일 이내에 제공
- ○ (탐지 및 통보) SIU는 신고절차(process)를 유지하여 회사 업무관련자가 보험사기 탐지시 SIU에 보고하고, SIU는 보험사기가 의심되거나 합리적인 의심이 있는 경우에 州보험감독청의 보험사기 대응부서(fraud division) 또는 필요시에 지방검사(DA)에게 보고
- ○ (조사절차) 보험사기 의심자에 대한 서면조사 절차를 확립
- ○ (방지교육) 보험자는 최신 교육프로그램을 확보하여 전문기술 및 능력향상을 위한 교육을 실시하고, 신규채용자, 내부 관련 부서, SIU 등에 대한 교육기록을 유지하여 감독당국의 요구시에 교육내역을

42) Subchapter 9 Insurance fraud/Article 2. SIU 감독규정(Regulations)의 내용.

제출[43)]
- (SIU연례보고서의 제출) 감독당국의 통지일부터 90일 내에 제출
- (검사) 보험감독청장(Commissioner)은 보험자의 SIU 운영사항과 관련규정의 준수 여부를 검사하고, 청문과 처벌을 관장

뉴욕州 보험법은 보험사에 대하여 SIU의 설치를 포함한 보험사기 방지계획을 매년 보험감독기관(DFS)에 제출할 것을 규정하고,[44)] 보험사기방지국(IFB)은 보험사의 계획을 승인한다. 보험사기 방지계획에는 인수심사(U/W) 및 클레임 부서와 구분하여 독립부서로 SIU의 설치,[45)] 예산의 독립편성, 조사관·U/W·클레임 부서(claim staff)에 대한 교육, 보험사기의 조사 및 분석기법 향상을 위한 매뉴얼의 마련 등의 내용을 포함한다. 플로리다州법(Florida's Statute)은 수입보험료의 규모에 따라, 수입보험료 1,000만불 이상의 회사는 회사내(in-house) 또는 외주(contracted)로 SIU를 설치하고, 1,000만불 미만 회사는 실현가능한 보험사기 방지계획의 제출을 규정한다. 보험사업자, 대리인(agent), 관련 피고용자 등은 보험사기를 범하였거나 범하려는 의심이 있는 경우 보험당국에 신고와, 보험사기 인지시에 보험사기 방지부서

---

43) 교육날짜, 과정, 강사명, 강의내용, 교육시간 등.

44) NY Insurance Law and Regulation 95/ Section 409.

45) 뉴욕주 보험법은 SIU의 외주설치를 허용하나, 이때에도 보험사기 방지계획의 최종 책임자는 보험사업자이다.

(Division of Investigative and Forensic Services: DIFS)에 보고 의무, 보고요구사항, 규정 미준수에 대한 처벌 등을 규정한다(Florida's Statute 626.9891(1)~(6)).

美보험사기방지연맹(CAIF)은 SIU의 설치 의무화 이후, SIU의 운용실태를 파악하기 위하여 보험회사의 SIU 평가시스템의 존부, 평가항목 및 요소의 적정성 등을 조사하였다.[46] 대부분 보험사는 SIU에 대한 자체평가 프로그램을 운용하고 평가결과를 관리목적으로 활용하고 있었으나, 일부 회사는 자체평가 프로그램이 없거나, 보험 감독기관에 보고용으로만 소극적으로 운용한 사례도 있었다. 대부분 회사는 SIU 부서에 의한 자체평가를 실시(일부는 타부서를 참여시켜 평가)하고, 평가 주기는 1년, 반기, 분기로 회사별로 다양하였다. 평가 결과, 보험사 상호간에 업무관련성이 밀접하므로, 보험사 공통으로 적용할 수 있는 표준화된 평가항목, 평가시스템의 개발과 감사부서 등 독립기관 또는 타부서의 참여를 확대하여 평가의 객관성과 신뢰성 향상이 필요하다는 점이 지적되었다. 성과평가와 관련된 방지금액의 산출기준과 과정은 회사마다 상이하나, 대부분의 보험사는 클레임 제기시에 청구된 금액에서 지급보류된(reserved) 금액을 주요 평가지표로 사용한다. 일반적으로 계량화가 곤란하여 성과측정이 어

---

46) SIU 평가에 관한 연구(CAIF TFT 주관으로 52개 보험사를 대상으로 설문조사, 2003).

려운 비탐지건(non-detection), 예방 및 억제(deterrence), 교육·홍보, 훈련 등의 분야는 처음부터 평가대상에서 제외되는 경향이 있으므로, 이를 반영할 수 있는 지표개발을 권고하였다.

6. 조사와 관련된 문제들(Issues)

1) 법집행기관의 공정성과 객관성

일부 州는 보험사에서 조성하여 지원한 금원(funding)으로 보험사기 수사를 담당하는 경찰, 지방검사(DA), 수사관 등 법집행기관의 급여를 지급하고, 성과에 따라 금전적 인센티브를 제공한다. 펜실베이니아州의 경우, 모든 보험사는 총수입 보험료의 비율에 따라 일정금액을 갹출하여 지방검사(DA), 검찰총장(attorney general)에게는 매년 정액으로, 여타 법집행기관은 수사성과에 따라 매년 조정하여 보조금을 지급한다.[47] 펜실베이니아州 보험사기예방국의 보고서(Insurance Fraud Prevention Authority Report)는 '21년, 927개 보험사는 1,571만불을 출연하여, 1,300만불은 13개 법집행기관(DA, 경찰, 조사관, 수사관, 지원인력 등)의 약 100명에게 봉급 등으로 지급하였고, 100만불을 교육·홍보에 사용하

47) 1994년 주 입법으로 Pennsylvania Insurance Fraud Prevention Authority(PA IFPA)를 설립하고 Fraud Trust Fund를 조성하였다.

였다고 발표하였다. 매사추세츠州는 자동차보험협회(AIB), 근로자연금보험(Worker's Compensation) 보험협회(WCRIB)에서 재정지원을 받아, 법집행기관이 공공의 이익보다 보험사의 채권추심자(debt collector)의 역할에 치중하고 지원이 있는 특정 종목의 수사에만 집중한다는 비판이 있다. 수사지원단체의 인적 구성도 법집행기관 및 보험사 출신이 많아,[48] 이해상충(conflict of interests)과 결탁이 가능한 구조로, 공정성에 대한 의문이 제기되었다.[49]

2) 면책조항의 남용

보험사는 1990년대 이후 보험사기방지법의 도입과 면책조항으로 보험사기의 개연성만으로도 공격적인 고소가 가능하게 되었다. 개인은 면책조항이 있는 보험사에 대한 대항이 어려워, 억울한 피해자가 발생할 수 있다. 보험사를 상대로 긴 과정을 거쳐 승소하더라도 실질적인 피해보상이 제한되고, 피의사실의 공표·보도로 인한 낙인효과, 문제해결에 장기간이 소요되어 피해가 가중되는 등 혐의자의 권익보호가 미흡하다는 평가가 있다.

48) 美보험범죄 방지기구(NICB) 등 관련기관에 FBI, 경찰 등 법집행기관 출신이 많고, 주법으로 설립된 펜실베이니아州 보험사기예방국(IFPA)의 이사회는 주로 보험회사 임원을 중심으로 구성되었다.

49) 보험회사와 법집행기관, 전미 SIU 협회(IASIU) 등의 합동 세미나(annual convention)에 대해서도 공정성에 대한 우려를 제기한 사례가 있다.

3) 보험회사의 성과지향 문화

보험사 SIU는 성과나 실적을 강조하여 적발 또는 보험금을 적게 지급하는 것을 주요 평가요소로 중시한다. 이 경우, 법으로 허용된 참치를 잡기 위해서라면, 법으로 포획이 금지된 5% 돌고래가 함께 잡히더라도 어쩔 수 없다는 분위기가 형성되어, 보험금 지급을 거절하고 고객을 공격적으로 고소하게 된다. 수사의뢰시 혐의자에게 유리한 증거를 고의로 은폐하여 선택적으로 제출하고, 수사의뢰를 빌미로 상대방을 협박(intimidation tactic)하거나, 특정인에 대한 불리한 진술을 압박하는 사례가 있다.

4) 조사나 수사대상의 편향

보험사기의 피해규모는 무시할 수 없는 수준으로 대응이 필요하나, 고객을 상대로 조사나 고소를 하는 것은 부담스러운 딜레마 환경에서, 보험사와 수사기관은 조사 및 수사가 어려운 조직적·계획적인 보험사기보다는 성과가 쉽게 도출되는 사회초년생이나 힘없는 개인에 조사를 집중한다. 펜실베이니아州 보험사기방지청(PA Insurance Fraud Prevention Authority)의 연례보고서에서도 복잡하고 어려운 조직범죄 보험사기보다는 18~34세의 전과가 없는 보험계약자, 저소득층, 사회적·경제적 약자 등 성과가 쉽게 나오는 수사에 집중하는 경향을 확인하였다. 연방 법무부(DOJ)의 통계도 연방검찰이 복잡하고 조직적인 범죄에 대한 수사를 기피하여 기소된 피고인의 대부분이 개인으로, 기업이나 화이트칼라에 대한 기소는 지속해서 줄어들어 '20.1월에는 사상 최저수준으로 발표하였다.[50)]

5) 낮은 기소율과 유죄판결 비율

보험사의 협의대상자 선정, 조사 및 수사의뢰, 수사진행, 기소, 유죄판결 등 단계별 절차가 진행될 때마다 대상자가 대폭 감소하는 경향이 뚜렷하다. '21년, 펜실베이니아 보험사기방지청(PA IFPA) 연례보고서에 의하면 '21년 보험사기 의심건으로 보험당국에 신고된 4,067건 중 최종 유죄건은 123건, 3%에 불과하였고, '21년 메사추세츠주 IFB에 보험사 또는 NICB, NAIC를 통하여 보고된 보험사기 의심건 2,932건 중 지역검사(DA), 연방검사, 주법무부에 처벌의뢰는 209건(약 7%)에 불과하였다(IFB of Massachusetts 2021 annual report). 이는 보험사기에 대한 정의가 명확하지 않고 상대방을 압박하기 위한 수사의뢰의 남용, 보험사기 수사의 어려움 등 수사와 관련된 직·간접적인 요인 외에도, 증거의 질과 양 또는 사법절차의 효율성을 고려하여 유죄답변의 거래(plea bargaining)[51)] 또는 각하(dismissed)하

---

50) 美보험사기방지연맹(CAIF)의 TracReports, March 2020.

51) 유죄 인정, 공범에 대한 증언 등을 조건으로 일정범죄를 사면(drop)해주는 거래로, 검사는 수사 이후 재판 비용, 장기간이 소요되는 점 등을 고려하여 유죄답변의 거래를 요청(offer)하거나 제안을 받아들일건지(accept)

는 미국의 사법제도, 개인협상(private negotiation)을 통한 합의 종결 관행, 판사(magistrate judge)가 벌금, 봉사명령(community service), 변상으로 사건을 마무리하는 경향 등 다양한 요인에 기인한다.

6) 데이터베이스(DB)의 신뢰성

잘못된 기소나 무죄로 확정된 경우에도 해당사실이 반영되거나 수정되지 않고 보험회사 간에 잘못된 데이터 및 정보가 유통·공유되는 경우가 있으므로, 해당 DB의 신뢰성을 향상하기 위한 노력이 필요하다. 보험회사의 수사의뢰건 중 증거부족으로 수사가 중단되거나, 거짓 또는 잘못된 기소로 확인되었음에도 수정이 되지 않은 상태로 해당정보가 유통되는 사례가 지적되었다.

7. 탐정(PI)과 보험사기

미국의 탐정(private investigators)은 다양한 분야에서 특화된 경험과 기술(skill)로 합법적으로 정보를 수집하여,[52] 실체적 진

를 결정한다.

52) 공공기록(public records), 법원의 기록, 정부 보유의 정보 및 기록, 조사지원 DB(investigative DB) 등 공개된 자료와 합법적인 감시(surveillance), 탐문, 면담 등 다양한 경로로 정보를 취득한다.

실에 접근하는 등 공공의 이익에 부합하는 순기능이 있어 다양한 분야에서 활용된다. 탐정은 조사 등 특정 정보취득 등을 위하여 보험회사, 법률회사(law firm), 컨설팅회사(private consulting firm) 혹은 개인에 의하여 계약에 따라 고용되어,[53] 경찰 등 공적 영역에서 수행하기 어려운 분야를 보완하고, 조사 후 보고서 작성 전달, 필요시 법집행기관에 수사를 의뢰 및 법정 증언의 역할을 한다. 보험사기 조사는 탐정업무의 큰 비중을 차지하는 분야로 최근에는 정부기관인 州보험사기방지국(IFB), 州 또는 연방의 외청(agency)에서도 활용이 늘어나는 추세이다.

탐정(PI)업무는 보험회사의 부상자 조사 등 보험사기 조사, 개인이나 물건의 소재 파악, 집안·회사 내 절도나 침입 등 경미한 사건의 조사, 고용인 등의 배경 조사, 개인에 대한 감시활동 및 위치 파악, 변호사 등이 사실관계에 대하여 조사를 의뢰한 건, 비즈니스 목적의 동업자의 신용조사, 투자·컨설팅 관련 정보의 취득, 배우자의 부정 의심, 청혼 이후 약혼자에 대한 배경 조사, 이혼경력, 형사 및 민사 기소 여부의 확인, 세금미납 압류(TAX liens) 등 다양하고 광범위하다. 탐정의 활동영역은 공공부문과의 업무중복이 불가피하므로, 경찰, 보험감독청, 법집행기관과 역할의 조정 및 재설정이 필요하고, 공공기관이 보유한 정보에

53) 고객과는 계약관계로 계약에 따라 지시 등에 따를 의무와 불이행시 계약 위반으로 손해배상책임 등의 관계가 성립한다.

대해서 일정부분 접근허용이 불가피하다.[54] 동시에 탐정은 일반 대중과 상호작용(interaction with the public)을 하면서 필요한 정보를 수집하므로 개인 프라이버시(personal privacy)의 침해 등의 우려가 있어 감독과 규제를 강화하는 추세이다.

미국 대부분의 州에서 탐정은 면허가 필요하고, 보험사기의 조사목적으로 탐정을 고용하는 보험사는 탐정면허 외에도 보험과 관련된 특별교육 또는 전문훈련을 받은 자격소지자를 선호한다.[55] 탐정면허는 대부분 州정부 차원에서 관리하나, 지역(local)에서 관리하거나, 면허 없이도 활동이 가능한 州도 있다.[56] 면허의 관리주체는 州경찰(메인, 뉴햄프셔, 뉴저지 등), 소비자 보호부서(Department of Consumer Affairs, 캘리포니아), 공공안전부서(Department of Public Safety, 애리조나) 등 州에 따라 다양하다. 면허취득은 일반적으로 나이, 교육, 전과기록 등 최소한의 자격요건(minimum requirements)과 시험합격 또는 일련의 교육과정의 수료를 요구한다. 州에 따라 학위 또는 경력요건을 요구하거나, 경력이나 경험이 없는 경우에 일정한 교육수료를 요구

54) 경찰 등 공공분야의 업무영역에서 어느 범위까지 PI의 관여를 허용할 것인지에 따라 정보 접근의 허용범위도 영향을 받는다.

55) 美SIU협회(IASIU)의 보험사기 분석사(CIFI), 부정조사자협회(Association of Certified Fraud Examiner)의 공인부정조사사(CFE) 등.

56) 45개州는 州정부에서, 2개州(와이오밍, 알래스카)는 지역에서 관리한다. 3개州(미시시피, 사우스다코타, 아이다호)는 면허를 요구하지 않는다.

하기도 한다. 일부 州는 면허시험 없이 결격사유만 없으면 경력만으로 면허를 발부하고,[57] PI의 무기소지를 허용하는 州는 무기소지 자격증과 관련 교육을 받아야 PI 면허를 취득할 수 있다.

통상적으로 탐정은 면허취득 후 PI 협회(State PI Associations)에 가입하여 활동한다. 탐정의 직무태만, 사기행위로부터 고객의 보호를 위하여 탐정협회는 윤리규정(code of ethics)을 제정하여 자율적으로 규제하거나 보증금(surety bond)제도를 운영하고, 탐정의 사용계약은 개인 간의 상거래행위에도 해당될 수 있으므로, 해당범위 내에서 일반상법(business law)을 적용하여 보호한다. 탐정면허는 원칙적으로 州간 이전은 불가하므로, 다른 州에서 탐정업무를 수행하기 위해서는 해당주의 면허가 필요하다. 일반적으로 면허를 가진 州(own home)에서 사건이 시작되면 다른 주에서의 조사를 허용하고, 州간 양해각서를 체결하면 다른 주의 면허 없이도 업무수행을 할 수 있다. 고객의 입장에서는 탐정고용시에 등록 및 면허의 소지 여부, 사무실 존재 여부, 보증(bonded)보험의 가입 여부 등을 고려하여 고용하는 것이 보통이다.

미국 정보공개법(The freedom of Information Act, 1966)은 누

57) 인디애나, 플로리다, 메릴랜드, 뉴저지 등.

구라도 연방정부의 기록에 대하여 접근을 요구할 권리(right of access)가 있다. 미국은 정부가 관리할 필요가 있는 정보 외의 대부분의 정보는 민간이 주도적으로 관리하며, 정부기관도 필요에 따라 비용을 지급하고 이를 이용할 뿐이므로, 대부분의 州에서 탐정이나 변호사, 일반인도 정부 또는 민간이 보유한 개인정보에 대하여 소정의 비용을 지불하고 이용할 수 있다. 타인에게 민사상 피해를 주고 도주한 자나, 범죄연루자의 신상까지 프라이버시 보호라는 명목으로 보호할 이유가 없다는 취지이다. 주법이나 연방법에 의한 보호대상 정보는 정보주체의 사전·명시적인 동의가 필요하므로, 법원소환을 위한 위치정보, 예금계좌, 금융기록, 전화기록 등은 당사자의 동의나 법원의 소환장에 의하지 않으면 취득이 제한되나, 법령의 허용범위 내에서 누구나 접근이 가능한 공개된 공공기록(public records), 사회관계망(social network data)의 통합검색, 정보공개의 청구, 인적자원의 활용 등 다양한 수단으로 정보를 취득하여 가공하고, 특정 유료 사이트를 통하여 판매한다. 합법적인 범위에서 취득이 허용된 정보, 사업관련 정보, 성범죄나 체포기록 등은 검색 또는 보유기관에 정보공개를 청구하거나 감시(surveillance),[58] 관련자 면담, 살라미[59] 등 다양한 수단을 이용하여 정보를 수집한다. 우리의

58) 州에 따라 제한이 있으나, 합법적인 잠복근무(conduct a stakeout), 미행 등으로 개인의 행동과 일상활동에 관한 정보를 수집한다.

59) 쓰레기통을 뒤져 영수증, 신용카드 명세서 등으로부터 정보를 수집한다.

주민등록증과 비슷한 기능을 하는 차량관리국(DMV)의 운전면허기록, 차량등록, 유권자 명단, 법원기록, 자산기록, 병원기록 등의 정보에 대해서 필요한 자는 내용에 따라 이용이 가능하다.[60)]

탐정(PI)의 활동과 관련해서 금지 및 제한사항이 있다. 탐정(PI)의 권한은 기본적으로 민간인과 같으며, 면허(licence)를 취득하거나 소지하더라도 특별한 권한을 부여받은 것은 아니다. 메릴랜드州와 같이 일부 주에서 탐정을 나타내는 배지의 착용, 신분증 카드(private detective certification card)의 소지, 유니폼 착용을 허용하지만 법적인 효력은 없으며, 대부분의 州는 법집행기관의 사칭을 방지하기 위하여 경찰이나 연방의 법집행자로 오인 또는 암시하는 배지(badge) 소지, 로고 사용, 유니폼의 착용을 금지한다.

정보취득의 수단 및 방식에도 제한이 있다. 장치를 사용한 감시활동이나 도청방식의 제한, 사유지 무단침입, 스토킹 형식(harass a subject), 타인 메일의 조작 · 개봉 · 손괴행위, 정보취득을 위한 뇌물제공 및 해킹 · 사칭(pretexting) · 속임 방법의 사용,[61)] 조사

60) 공인조사(공인탐정)제도의 도입에 관한 연구, 64면 참조(2005, 황정익, 김윤철, 백창현 공저).

61) 법집행기관 및 정부기관원 사칭(pretexting), 통신기록을 얻기 위한 사칭행위(using pretexts)는 불법이다.

목적 외의 정보취득,[62] 부정 또는 비윤리적인 방법으로 정보취득을 금지한다. 공공장소에서도 자연스럽게 들을 수 없는 대화내용을 기구(device)를 이용하여 듣거나 음향확대 장비로 본인의 집에서 이웃 간 대화를 청취하는 것은 동의 없이 타인을 도청하는 행위로 불법행위이다. 전화 통화의 녹음은 음성녹음법(Audio Surveillance Law)에 따라 콜로라도州 등 38개 州는 대화자로 본인이 개입(involve)되면 상대방의 동의 없이 녹음을 할 수 있으나, 캘리포니아州 등 12개 州는 전원의 동의가 필요하는 등 州에 따라 최소 일방의 동의 또는 양 당사자 모두의 동의를 요구하므로, 본인이 전혀 개입(involve)되지 않는 대화를 녹음하거나, 녹음장치를 타인의 차나 집, 사업장에 몰래 설치하여 대화를 녹음하는 것은 불법행위이다. GPS 추적기(GPS tracker)의 설치는 자동차 소유자의 동의시에는 가능하므로, 고용주가 회사 소유의 차량에 대해서는 피고용인과 적절한 동의절차를 거치면 설치가 가능하다고 해석한다. 쓰레기통을 뒤져 영수증, 은행 및 신용카드 명세서, 편지 등으로부터의 정보수집은 개인소유 장소에서는 불가하고, 일부 州는 쓰레기를 뒤지는 것을 금지하고, 개인 폐기물에 대한 수색을 제한한다.

원칙적으로 허가 없이 개인소유지, 주거지, 건물의 불법 침입

62) 스토커나 개인안전을 위협할 수 있는 자에게 개인의 위치정보를 제공하거나, 조사목적 외에 옛친구와 관련된 정보를 조사하는 행위 등.

행위는 무단침입(trespass)으로 불법행위를 구성한다. 탐정은 타인의 주거지 및 사업장을 동의 없이 들어갈 수 없고 사전동의를 받았더라도 퇴거요청이 있으면 즉시 퇴거하여야 한다. 공공에 공개된 장소는 접근이 가능하더라도 그곳의 정보수집을 허용한다는 의미는 아니다. 레스토랑의 경우 식사와 관련된 서비스는 묵시적인 동의에 따라 허용된 것으로 볼 수 있으나, 이때에도 오직 공중에게 공개가 허용된 장소만 가능하고 주방 등을 동의 없이 들어가는 것은 불가하다. 다른 손님과의 인터뷰나 타인에 대한 사진촬영은 동의의 범위를 벗어나므로, 무단침입(trespass)의 책임을 질 수 있다. 쇼핑몰의 경우와 같이 대중에게 접근이 허용되더라도 사생활이 보호되어야 할 장소가 혼재되어 있다면, 상황에 따라 무단침입을 구성할 수 있다. 금지규정을 어기고, 불법적인 방법으로 정보를 취득하면, 법원에서 증거로 사용할 수 없고, 악용의 가능성이 있으므로 즉시 폐기처분을 하여야 한다.

제2절 영 국

1. 일반 개요

1) 실태 및 대응방향

영국 보험자협회(ABI)의 '21년, 민영 보험사기로 인한 적발규모는 72,600건, 11억 파운드로,[1] 보험사기를 범하고도 적발되지 않는 규모도 비슷하게 추정하면서, 보험사는 매년 보험사기의 적발에 최소 2억 파운드를 사용한다고 발표하였다. 보험사기는 민간보험사, 건강보험(NHS)의 재정에 직접적으로 악영향을 미치고 경찰, 법원 등 공적영역과 일반사업장, 개인 등 민간부문에도 불필요한 비용을 증가시키는 심각한 사회문제로 인식한다. 영국은 신체상해(personal injury: PI)로 인한 청구건 중 경추손상(whiplash)의 비중은 '04년(약 75%) → '15년(약 80%)로 증가하여 프랑스의 3%와 대비되어, 경미한 경추손상으로 인한 보험사기의 유럽수도(the whiplash capital of Europe)라는 오명이 있었고, 영국 민영보험사인 Aviva report도 '09~'13년간 영국의 교

1) ABI가 정의한 보험사기, 사기처벌법(Fraud Act 2006), 보험사기자 등록기구(IFR)의 등록기준을 반영하여, 회원사로부터 취합한 결과이나, 보험사기의 정의와 기준이 명확하지 않고, 낭비나 남용, 단순과장 및 실수, 협상을 위한 과장 등이 혼재되어 있어 통계의 신뢰성은 한계가 있다.

통사고(RTA)는 약 16%가 감소하였음에도, 경추손상의 청구건수(whiplash claim)는 오히려 32%가 증가하였다고 발표하는 등 자동차와 관련된 보험사기가 심각하여 지속적인 단속과 함께 제도개선(whiplash reform)을 추진하였다.

영국의 보험사기는 보험상품 자체의 속성 외에도, 보험금의 청구 및 지급 절차상의 문제, 청구대행회사(CMCs) 및 중개업자의 약탈적·공격적인 영업방식, 잉글랜드와 웨일스는 민사소송 시 일반적으로 패소자가 모든 법률비용을 부담하므로, 신체상해(PI)로 인한 민사소송에 "승소 없이는 비용도 없다(No win, No pay)"를 앞세워 소송을 유도하고 부추기는 승소조건부 수수료 약정제도(conditional fee agreement: CFA), 보험금의 청구기한이 비교적 장기(3년)로 소멸시효에 임박하여 청구하는 경우에 의학적 근거 확인의 곤란, 보험에 대한 이해의 부족 및 보험사업자에 대한 불신, 보험사기에 대한 죄의식 미약 등 다양한 행태적·환경적 요인이 작용한다.

'00년 이후, 자치경찰의 확대 및 경찰예산의 축소와 맞물려 보험사기가 더욱 심각해짐에 따라, 보험업계는 방지시스템의 고도화, 보험사기 신고라인(cheatline)의 정비, 보험사내 관련부서의 통합운영[2] 등 자체대응과 보험사기 특별조사부(IFED), 보험사

2) 청구접수부서, 지원팀, 전문조사요원을 한 공간에 배치하여 즉각적인 소통으로, 보험사기에 대한 민감도를 높여 조기 감지한다.

기방지국(IFB), 보험사기자 등록DB(IFR), My License 등에 재정을 지원하여, 민·관 협업을 통한 공동대응을 강화하였다. '15년, 범정부 차원의 보험사기방지 TF를 구성하여,[3] 보험사기의 유발요인을 진단하고 단속, 교육·홍보의 강화, 법집행기관과의 협업 및 정보공유의 확대, 경찰에 대한 재정지원 등 종합적인 관점에서 개선을 추진하였다. 해당 TF는 수사 및 단속 등 강제적인 수단은 고의사고유발(crash for cash) 등 경성보험사기의 대응에는 효과적이나,[4] 정상적인 사회구성원, 임금생활자, 비전과자 등 일반인에 의한 연성보험사기(opportunistic fraud)의 대응에는 한계가 있는 점을 인식하고 교육·홍보, 자발적인 참여의 강화, 행동경제학 연구결과를 반영하여 행태변화를 이끌어내어 예방하는 방안을 제시하였다. TF에서 제기한 자동차 사고에 의한 경미한 경추손상에 대한 개혁(whiplash reform)은 '21.5월부터 시행되어, 의학적 근거 없는 청구가 금지되고, 법률가의 도움 없이도 클레임(claim)의 청구가 가능하게 되어 향후, 청구남발과 관련 비용이 줄어들 것으로 전망된다. 한편, 데이터정보보호법(Data Protection Act)의 강화와 보험사는 경쟁사와 정보 공유를 꺼리는 경향이 있어 정보의 교류가 제한되고, 부정확한 데이터를 보험사

3) 법무부·재무부 주관으로 다양한 이해관계자의 참여하에 '15.1월~'16.1월간 활동하였다.

4) 자동차 보험사기는 IFED, IFB의 단속강화로 고의사고(crash for cash) 및 조직적 보험사기는 전년 동기 22%가 감소하였다('17년, ABI 통계).

기의 조사에 이용하는 문제점이 나타나, 보험사기방지 TF(2015)는 公·私 간 또는 보험회사 간에 정보 공유의 확대와 데이터의 정확도의 향상을 위한 대책 마련과 시행을 권고하였다.

2) 법집행 및 처벌

영국 형사사법제도의 중추는 전통적으로 경찰과 법원으로, 법집행은 자치의 전통에 따라 원칙적으로 잉글랜드, 웨일스, 북아일랜드, 스코틀랜드 등 지역의 자치경찰(regional police)이 거의 독립적으로 수행하고, 국가적·전국적인 치안수요는 독립적인 광역 법집행기구(UK-wide agencies)를 두어 지역 중심의 법집행을 보완한다. 범죄의 수사는 경찰의 고유영역으로 경찰이 유일한 수사의 주재자이므로, 검사는 수사에 관여할 수 없고 기소와 관련하여 오직 경찰의 자문요청에 응해야 할 의무가 있을 뿐이다.[5] 보험사기 수사는 런던 시티경찰(The City of London Police: COLP)을 중심으로 경찰, 국가범죄수사국(NCA), 중대 사기범죄수사청(SFO), 국가 사기대응정보국(NFIB) 등 국가기관과 금융영업행위 감독청(FCA), 보험사기방지국(IFB: Insurance Fraud Bureau), 영국 보험자협회(ABI: Association of British Insurer), 보험사 등 민간기구가 협업한다. 경찰 수사 후 구속 담당 경찰관(police custody officer: PCO)이 기소대상에 해당하는지를 우선 판단하

5) 비교수사제도론 참조(표창원, 영국의 수사구조, p. 377).

여, 경찰기소유예(police caution), 사건중지(no further actions)를 결정하고, 국립기소청(Crown Prosecution Service: CPS)에 송치한다.[6] 기소청은 경찰이 기소를 결정한 사건에 대하여 증거와 공공의 이익을 기준으로 경찰의 의견대로 기소 또는 보석(police bail), 구속으로 증거조사 후 기소 여부를 결정하고 공소를 제기한다. 경미사건 등 대부분의 사건은 주로 치안법원(Magistrate Court)에서, 중한 범죄는 형사법원(Crown Court)이 관할한다.

영국은 사기처벌법(Fraud Act 2006) 또는 보험법에 보험사기 행위를 별도로 정의하거나 처벌하는 규정이 없으므로 일반사기죄를 적용한다. 사기처벌법은 잉글랜드, 웨일스, 북아일랜드에 적용되는 법률로, 사기죄의 유형을 허위진술에 의한 사기, 정보의 미공개에 의한 사기, 직위 남용에 의한 사기로 구분하며, 보험사기는 대체로 허위진술에 의한 사기의 범주에 포함되어 10년 이하의 징역 또는 벌금으로 처벌한다. 양형위원회(Independent Sentencing Council)의 가이드라인은 보험사기로 신체적인 해를 초래하거나 피해액을 고려하여 가중처벌을 권고한다. 범죄수익법(Proceeds of Crime Act 2002)은 범죄자의 재산사용 금지, 범죄

6) 영국은 私人 소추(기소)의 전통이 있었으나, 근대경찰 도입 이후에는 경찰이 공익적 지위에서 사인 소추를 대신하여 수사와 기소를 모두 담당하였다. 1985년 사법개혁으로 기소법에 따라 국립기소청(CPS)을 설치하여 경찰에서 기소업무를 분리하였고, 現 기소지침은 경찰과 CPS의 상의 및 조언(statutory charging)을 규정하고 있다.

수익의 몰수, 자산회수기관(Assets Recovery Agency)의 설립 등 범죄로 인한 수익의 몰수를 규정하고, 이후 Criminal Finances Act 2017은 자금세탁, 세금포탈, 부패, 테러자금 등으로 몰수대상을 확대하였다.

2. 대응기구

1) 국가기관

정부기구는 런던 시티경찰청의 보험사기 특별조사부(IFED), 중대사기범죄수사청(SFO), 국가범죄수사국(NCA) 등이 있다.

① 런던 시티경찰청의 보험사기 특별조사부(IFED)

런던 시티경찰청(City of London Police: COLP)은[7] 금융 중심가인 런던시티(City of London, square mile)를 관할하는 경찰로 영국(잉글랜드와 웨일스 지역)의 금융범죄, 사기범죄, 화이트칼라 범죄에 대한 중추적인 수사기관으로, 국가 사기대응 정보국(NFIB: National Fraud Intelligence Bureau),[8] 사기 및 사이버범죄

---

7) 런던경찰(Metropolitan Police Service: MET)은 런던시티 지역을 제외한 대런던(Great London)의 32개구(borough)를 관할하고, 본부를 Scotland Yard라고 한다.

8) 경제범죄에 대한 정보수집, 분석, 평가기관으로 해당 정보는 Action Fraud, 보험업계, 은행, 공공기관 등을 통하여 수집한다.

신고센터(Action Fraud), 보험사기 특별조사부(IFED: Insurance Fraud Enforcement Department)를 운용한다. 보험사기 특별조사부(IFED)는 보험사기 전담수사관(detective, police unit), 금융전문가(financial investigators), 보험업계 파견자(secondees)로 구성된 보험범죄에 대한 전담수사부서로, 영국 보험자협회(ABI)와 로이드협회(Lloyds)가 예산을 지원하여 런던시티경찰청(COLP)의 경제범죄 전담부(Economic Crime Directorate) 산하에 설치하였다. IFED는 전략위원회(Strategic Board)와 관리위원회(Management Board)를 두고 런던 시티경찰청(COLP)이 독립적으로 운영하는 부서로 영국 보험자협회(ABI)의 회원사, 로이드협회(Lloyds), 보험사기방지국(IFB) 등의 보험업계와 사기 및 사이버범죄 신고센터(Action Fraud), 국가 사기대응 정보국(NFIB), 지역경찰 등 정부기구와 협업하여 주로 조직범죄 및 전문직(의사, 변호사)과 관련된 보험사기 등 사회에 영향이 큰 사건을 수사한다.

② 중대사기범죄 수사청(SFO: Serious Fraud Office)

Criminal Justice Act 1987에 따라 법무부(Attorney General's Office) 내에 설립하여 잉글랜드, 웨일스, 북아일랜드 지역(스코틀랜드 제외)의 사기, 뇌물수수, 부패, 중한 경제범죄에 대해 수사 및 기소를 담당한다. 정보분석팀(Intelligence Unit)이 범죄정보를 분석·평가하여, 수사관과 법률가가 공동으로 내사와 수사를 진행하고, 해당 범죄의 특수성을 고려하여, 예외적으로 동일

기관에서 기소업무도 수행한다. 국가범죄수사국(NCA), 시티경찰청(IFED, Action Fraud, NFIB), 경찰(UK police), 금융영업행위감독청(FCA) 등과 협업한다.

③ 국가범죄수사국(NCA)의 국가경제범죄 센터(NECC)

국가범죄수사국(National Crime Agency: NCA)은[9] 중범죄 및 조직범죄에 대응하는 중추 법집행기관이다. NCA 내의 국가경제범죄센터(National Economic Crime Centre: NECC)는 국가 차원의 경제범죄에 대하여 효율적인 대응을 위하여 법집행기관, 법무부, 정부부처, 규제기관, 민간기관 등의 역량을 통합한 기구로, 필요에 따라 법무부의 중대사기수사청(SFO: Serious Fraud Office)에 수사를 의뢰한다.

2) 민간기구

금융영업행위 감독청(FCA), 영국 보험자협회(ABI), 보험사기방지국(IFB), 보험사기자 등록 DB(IFR), 보험사기정보 허브(IFi Hub), 자동차보험 관리국(MIB) 등의 지원기구가 있다.

---

9) '14년, 내무부(Home Office)의 사기범죄의 총괄기구인 NFA(National Fraud Authority)를 폐쇄하여, 전략 및 분석기능은 NCA로, 신고기능은 런던시티경찰청(COLP)의 Action Fraud로 이관하였다.

① **금융영업행위 감독청**(FCA: Financial Conduct Authority)[10]

FCA는 금융에 대한 규칙제정 등 전반적인 전략 수립 및 제반 업무를 담당하는 독립적인 민간기구이다. 보험사기를 줄여 소비자를 보호하는 것도 FCA의 목적에 해당하나, FCA의 법집행기구(Enforcement Division)는 주로 개인이나 회사의 의심 거래, 규제위반 등에 중점을 두고 조사한다. 보험사기와 관련된 FCA 역할은 보험사기를 유발하는 보험시장의 문제점 파악이나, 보험회사의 예방·관리·통제시스템 점검, 보험사기로 인한 손실 예방을 위한 정책의 수립 등이다. 보험회사의 재무건전성 악화 우려시 건전성 감독(PRA의 검사)의 가능성은 있으나, 보험사기를 직접 조사하지는 않으며, 경찰 등 법집행기관과 협력하는 것이 보통이다.

② **영국 보험자협회**(ABI: Association of British Insurers)

영국의 대표적 보험자협회로,[11] 정부기관과 협력, 입법 및 재정 지원, 수사 지원 등 보험사기 대응에 중추 역할을 한다. 보험회사를 직접 규제하거나 분쟁을 조정하는 기능은 없으나, 재정건전성 감독청(PRA)과 금융영업행위 감독청(FCA)에 대한 업무를 지원하고,[12] 보험사기방지국(IFB), 보험사기 특별조사부(IFED),

---

10) 영국금융감독청(FSA)에서 금융영업행위 감독청(FCA)과 건전성 감독청(PRA)으로 분리하였다('13.4월).

11) 약 300개의 회원사(영국보험자의 약 90% 가입)의 분담금으로 운영한다.

보험사기자 등록 데이터베이스(IFR), My Licence 등에 재정을 지원한다.

③ **보험사기 방지국**(IFB: Insurance Fraud Bureau)

'06년, 영국보험자협회(ABI)가 설립하고 예산을 지원하는 민간의 비영리 조사조직으로 보험업계의 보험사기 적발과 예방의 중추기관이다. 보험업계의 정보 및 데이터 수집의 허브(hub)로 관련 데이터를 분석하여 법집행기관에 제공하고, 보험사기자 등록 DB(Insurance Fraud Register: IFR)와 보험사기 신고센터(Fraud Cheatline)를 운영한다.

④ **보험사기자 등록 DB**(IFR: Insurance Fraud Register)

영국 보험자협회(ABI)가 주도하여 설립하고, IFB가 관리하는 보험사기 행위자와 관련된 자료를 등록한 데이터베이스로 보험계약자, 제삼자(third party), 공급자(suppliers), 전문종사자 등이 보험가입·갱신, 보험금의 신청과 관련된 보험사기로 적발된 경우, 보험사를 통하여 기준(criteria)에 따라 수집한 정보를 IFR DB에 등록하여 보관·관리한다. 보험상품의 가입, 계약의 인수(U/W) 및 클레임의 평가와 결정, 갱신, 보험금 청구시 보험사기

12) ABI 내에 건전성 감독팀(prudential regulation team)과 금융영업 규제팀(conduct regulation team)을 운영한다.

의 탐지 및 조사, 수사지원에 활용한다. 영국 보험자협회(ABI)의 회원사 외에도 로이드(Lloyds) 등 비회원사의 이용이 증가하는 추세로, 보험사기 방지 TF는 보험사 등의 IFR Data의 적극적인 활용을 권고하였다.

⑤ 보험사기정보 허브(IFi Hub: Insurance Fraud Intelligence Hub)

보험사기에 대한 정보를 상시·실시간으로 분석·감시하고, 관련 정보나 데이터를 통합·제공하는 보험사기방지국(IFB)의 공유 플랫폼이다. 신종 보험사기에 대한 예방과 조사능력을 강화하기 위하여 '19년도부터 보험사기자 등록 DB(IFR)의 데이터를 IFi Hub을 통하여 제공한다.[13)]

⑥ 자동차보험 관리국(MIB: Motor Insurers' Bureau)

경찰 및 자동차면허 관리국(DVLA)과[14)] 협력하여 무보험차량의 단속, 무보험 및 뺑소니차량에 의한 피해지원, 보험 관련 DB 관리 등 보험산업의 지원과 보험사기의 예방을 위하여 설립된 비영리법인이다. 자동차보험 데이터베이스(MID), My Licence를

---

13) '19년도부터 SAS technology사가 개발·운영 중인 통합 플랫폼이다.

14) 자동차 면허관리국(Driver and Vehicle Licensing Agency)은 면허발급, 자동차관련 세금, 교통법규 위반시 범칙금 징수 등의 업무를 수행하고 경찰, MIB와 데이터를 공유하여 무보험차량을 적발한다.

운영하고, 회원사를 대신하여 자회사를 통하여 보험금 지급심사 DB(CUE)와 전손·도난차량 등록데이터(MIAFTR)를 관리한다.[15)]

자동차보험 데이터베이스(MID: Motor Insurance Database)는 영국내 모든 자동차보험의 가입상태를 집적한 것으로, 경찰과 자동차면허 관리국(DVLA)이 무보험차량의 적발 또는 뺑소니, 무보험차량으로 교통사고(RTA)를 당한 경우에 사실조사와 보상 시에도 활용한다. 개인도 교통사고시 ask MID를 통하여 본인 또는 상대 차량의 보험 가입상태, 보험사 등을 확인할 수 있다. My Licence는 보험사가 My Licence on-line service를 통하여 자동차면허 관리국(DVLA)이 보유한 운전자의 면허번호 및 상태, 교통법규 위반사항 등 운전이력을 확인할 수 있으므로, 보험사와 중개업자가 견적단계 또는 보험갱신시 사기예방에 유용하다. 보험금 지급심사 DB(CUE: Claim and Underwriting Exchange)는 보험사·협회(ABI)가 공동으로 구축한 보험 DB로, 보험사에서 보고한 자동차 사고, 침입 및 절도(도난), 신체상해(personal injury), 여행자보험, 산재보험 등에 대하여 보험금의 실제 지급 여부와 상관없이 청구 이력을 관리하는 DB이다. 처음에는 보험사간에 보험금의 청구와 관련된 정보의 교환(exchange)을 목적으로 설립되었으나, 현재는 보험가입(견적) 및 갱신시 보험료의

15) IDSL(Insurance Database Services Limited)에서 운영하던 것을 '16년부터 MIB 자회사인 MIB Management Service Limited에 이관, 관리한다.

산정, 보험금 지급, 사기성 청구의 적발에 활용하고, 보험사·중개인(intermediary)에게도 관련정보를 제공한다. '15년 민사절차법(Civil Procedure Rules)은 교통사고로 인하여 보험금 청구시에 청구인측(claimant solicitor)의 신체상해(personal injury)에 대한 사전조회를 의무화하여, 청구인측 변호인(claimant solicitor)은 askCUE를 통하여 CUE PI Data(personal injury)를 확인하여야 한다. 자동차보험자 사기 및 도난방지 등록데이터(MIAFTR: Motor Insurers' Anti-Fraud and Theft Register)는 전손(total loss) 또는 상각처리되거나 도난차량에 대한 세부정보를 집적한 DB로 차량 등록번호, 차대번호, 차량소유자 성명·주소 등의 정보를 보험회사, 경찰에 제공하여 해당 차량이 보험사기에 이용되는 것을 방지한다.

⑦ 보험사기 대책위(GIFC: General Insurance Fraud Committee)

보험사로 구성된 단체로 보험사간 정보공유 및 협업의 촉진, 보험사기방지 전략의 향상, 조사기법·모범사례의 공유, 보험사기 조사지원 플랫폼의 출시 독려, 보험사기 특별조사부(IFED) 등 수사기관에 대한 정책지원의 역할을 한다.

⑧ 사기 자문 패널(Fraud Advisory Panel)

사기 피해에 관한 관심 제고 및 대응 강화를 목적으로 '98년에 영국 공인회계사협회(IACEW)에 의하여 설립되었다. 법조, 회계전문가, 업계, 금융, 정부기관, 법집행기관, 규제담당자, 학계를 주요 회원으로 금융사기 등 경제범죄의 예방, 탐지, 자문, 입법지원과 제도개선, 교육·홍보, 연구활동을 한다.

3. 탐정(PI)과 보험사기

영국 민간보험사의 조사는 주로 보험사 내의(in-house) 전문조직 또는 손해사정사, 탐정(PI) 등이 금융영업행위 감독청(FCA)의 감독규정(regulatory requirement) 또는 자체직무규범(professional standards)에 따라 수행한다. 영국 탐정은, 현재까지는 정부기관에 의하여 공식적으로 면허제도가 도입된 것은 아니고 정부차원의 규제도 없으므로, 면허나 교육 또는 경험이 없어도 탐정업을 할 수 있다. 민간경비산업국(SIA: Security Industry Authority)은 탐정(PI)면허를 발급하고 있으나, 정보관리관실(ICO)에 등록 외에는 별도로 면허를 요구하지 않고, 개인은 탐정을 고용하기 전에 영국탐정협회(Association of British Investigators)에 가입 여부를 확인한 후 계약하는 경우가 보통이다. 영국 정부의 탐정(PI)에 대한 조사보고서는[16] 탐정의 역할을 긍정적으로 평가하고, 국가차원에서도 적극적인 활용을 모색함으로써, 보험사의

16) 영국 내무부 특별위원회(Home Affairs Select Committee)가 PI의 역할과 위험(risk) 요인, 규제방안 등 개선안을 의회에 보고하였다('13년).

경우 외주 형식의 탐정(PI) 고용이 늘어나는 추세이다.

활동범위는 논란의 여지는 있으나, 프라이버시 보호와 관련된 법규정의 범위 내에서, 공공기록, 소셜미디어 등 공개된 자료를 이용하거나 추적(tracing), 감시(surveillance) 등의 조사활동을 한다. 탐정(PI)에 의한 스토킹, 개인정보 및 프라이버시(privacy)의 침해행위는 개별적인 해당법률의 적용을 받는다. GPS 전자추적 장치로 얻은 개인 위치 및 활동 정보는 개인정보로 간주하므로 정보보호법(DPA: The Data Protection Act 2018)이 적용되고, 괴롭힘, 스토킹 행위는 인권법(Human Rights Act 1998)을, 정부기관 및 공공기관에 고용된 탐정(PI)은 조사규제법(Regulation of Investigatory Power Act 2000) 등의 개별 법률이 적용될 수 있다. 최근에는 PI의 규제 및 관리를 강화하기 위하여, 개인과 법인 등의 PI 활동(언론보도를 위한 공익목적의 조사는 제외)에 민간경비산업국(SIA: Security Industry Authority)이 관리하는 면허도입방안을 추진하고 있다. 민간경비산업국은 민간경비산업의 규율과 기준향상을 위하여 설립된 비정부기구로 민간경비업 종사자에 대한 면허발급 및 관리, 경비업체의 승인, 적격업체 인증, 경비산업에 대한 검사 등의 역할을 하는 기구이다. 향후 탐정(PI)에 대해서도 신원조사 및 범죄경력조회, 교육이수자 등 적격자에게 면허 발급, 무면허 PI에 대한 형사처벌, 면허조건의 위반 시 벌칙부과 등 SIA에서 정하는 자격 및 인성조건을 반영한 면허제도의 도입을 추진 중이다.

보험사기 조사와 관련하여 보험사의 탐정(PI) 활용이 늘어남에 따라, 영국 보험자협회(ABI)는 보험사 업무를 탐정에게 외주를 주는 경우, 보험사, 보험사 업무를 위임받은 법률회사(law firm), 대리인(authorized agent) 등이 준수해야 할 내용을 PI 가이드라인으로 제정하여,[17] PI의 선정 및 이용시 준수사항, 적격업체의 선정절차를 제시하고, 보험사의 자율적인 준수를 유도한다. 同 PI가이드라인(Regulation of Private Investigators, 2014)은, 『PI를 고용하기 이전에 보험사기자 등록 데이터(IFR), 보험의 가입 및 지급심사 데이터(CUE), 금융범죄 방지 서비스(CIFAS)[18] 등 우선 보험사업자가 활용할 수 있는 데이터를 활용하여, 보험사기를 의심할 만한 충분한 사유가 있고, 다른 대체수단이 없을 때(보충성) PI의 고용을 고려하여야 한다. 적격업체의 선정 및 평가는 FCA 감독규정(regulatory requirements)을 참고하여 실사(due diligence)하여 평가한다.[19] PI는 보험사기 조사와 직접적으로 관련없는 다른 사건에도 개입될 수 있으므로, 보험사업자는

---

17) '07년 보험자협회(ABI)의 주도로 FCA, 정보관리관실(ICO), 탐정협회가 협의하여 제정하였다. '13년 FCA의 PI 운영실태에 대한 조사결과와 FCA의 규제수준(regulatory requirements)을 반영하여 일부를 보완하였다.

18) 사기 및 금융범죄 방지를 목적으로 설립한 비영리 민간기구로, National Fraud DB와 The Internal Fraud DB를 운영한다.

19) 적정절차 및 법 · 윤리규정의 준수, 자격 · 기술 · 경험 · 교육훈련의 저정성 등에 대하여 현장방문 또는 질문지를 사용하여 평가한다.

업무범위를 명확하게 지시하고 법령, 규정에 의한 활동을 담보하고, 성격상 PI의 활동으로 얻을 수 없는 정보, 사기나 금품제공 또는 데이터 보호법(DPA: Data Protection Act) 위반 등 부정한 방법으로 정보취득을 금지한다. 보험사기 수사에 다른 기관이 보유한 정보취득이 필요한 경우에는 보험사업자가 직접 보유기관에 해당 정보를 요구하고, 정보보유기관이 적법성을 판단한 후 정보를 제공할 것을 제시하였다. 통상 PI는 가능한 많은 정보를 요구하나, 민감정보 등 업무 수행에 부적절한 정보제공은 금지하고, 업무수행에 필요한 최소한의 정보를 제공하여야 한다. 다만, 업무수행 중 PI에게 위험요소가 될 수 있는 대상자의 우울증, 공격성향(panic attack), 정신병력 등은 적극적인 제공을 고려하여야 한다. 이외에도 수집한 데이터에 대한 접근 및 보유, 파기시 관련지침의 준수, 취득정보의 목적외 불법사용의 금지, 목적 달성시 적정절차에 따른 파기 등을 담보할 수 있도록 문서에 명확하게 포함하고, 사업자는 실천규범(code of practice)을 PI와의 계약내용에 반영하여야 한다』고 규정한다.

제3절 영국의 보험범죄 방지 TF(IFTF, 2015)

1. 문제의 인식과 진단

1) 보험사기의 일반특성(profile)

보험사기는 심각한 지능범죄로 사기를 범하기는 비교적 쉬운 반면, 보험업계 및 경찰의 관심도나 업무처리의 우선순위는 낮다. 보험사기의 동기는 곤궁, 욕심, 중독, 가족 또는 동료의 압박, 복수 등으로 다양하고, 정부나 보험회사를 대상으로 한 얼굴·피해자 없는(faceless, victimless) 범죄로 인식하므로 죄의식이 미약하다. 조직범죄형 고의사고(crash for cash)는 사전계획과 협력자가 필요하고, 자금세탁 등 다른 범죄와 연관되며, 개인에 의한 고의사고도 타인의 안전을 심각하게 위협하는 범죄행위이나 범죄행동을 스스로 합리화하는 경향이 있다. 실생활에서 일정한 시점까지는 보험사기를 고려하지 않는 경우가 대부분으로, 보험사기의 주요 유형은 가짜 웹사이트를 통한 보험상품의 판매(ghost broker), 도난물품을 과장하여 보험금을 신청, 자동차를 빌려준 후 사고시 도난으로 허위신고(cover up), 청구대행회사(CMC)의[1] 부추김으로 허위진단서의 제출(have a go claimant),

1) 청구대행회사(CMC: Claim Management Company)는 최종 지급금액의

조직범죄집단의 계획적 고의사고 유발(crash for cash scam) 등이다. 보험사기는 보험의 모든 단계, 모든 종목에서 발생하므로 청구사기(claim fraud), 가입신청 사기(application fraud), 연성사기(opportunistic fraud), 조직사기(organized fraud) 등 다양한 유형에 대한 맞춤형 대책이 필요하다.

2) 사기성 신체상해(PI Claims)의 증가

영국은 다른 EU국가에 비하여 도로교통의 여건이 비교적 양호하고, 교통사고(RTA)가 지속해서 줄어들고 있음에도 신체상해(특히 whiplash)로 인한 보험금의 청구는 급격히 증가하였다. 주요원인은 변호사의 불필요한 개입과 소개료(referral fee)를 지급하는 관행이 클레임 제기를 유발하고, 소액사건의 청구대상(SCT: small claim track)으로 신체상해(PI claim)사건의 경우에 1,000파운드 이하로 제한(일반사건은 10,000파운드)하여 법원을 통한 대응이 제한되는 점, 클레임의 제기기한인 3년에 임박하여 청구시 진단서(medical report) 등 객관적인 근거에 의한 판단 곤란, 목꺾임 손상(whiplash) 등 경미사고는 객관적인 근거보다는 본인의 진술에 의존하므로 검증이 어려워 과장 및 사기청구에 용이

일정비율(%) 또는 정액으로 수수료를 받고 교통사고, 작업 · 영업장사고, 미끄러짐 및 넘어짐 사고, 의료과실 사고, 상품 제조결함, 산업 난청 등 각종 클레임(claim)을 대행한다.

한 점, 변호사에 대한 정액의 성공보수(예컨대, 약 25%)를 지급하는 관행으로 청구가 남발되고 과장되는 점, 보험금청구 이후 보험사와 협상으로 해결하는 관행과 법원을 통한 해결이 비효율적이고 고비용이 소요되는 점 등이다.

3) 법률 시스템과 보상문화

잉글랜드와 웨일스는[2] 일반적으로 민사소송시 패소자가 모든 법률비용을 부담한다. "승소 없이는 비용도 없다(No win, No pay)"로 대표되는 승소조건부 수수료 약정(CFA: conditional fee agreement)은 대부분의 신체상해와 관련된(PI claim) 민사소송에 적용된다. ATE 보험(after the event insurance)은 이미 존재하는 분쟁에 대하여 패소시 법률비용을 담보하는 보험으로 원고, 피고 모두가 이용이 가능(통상, 원고가 사용)하므로, 법률회사(law firm)에서 승소조건부 수수료약정제도(CFA)의 유지에 이용된다. 보상문화가 일반화된 환경에서 클레임의 청구와 소송을 부추기는 청구대행회사(CMCs)의 증가, 불법적인 법률시스템의 개입으로 인한 청구남발, 공격적인 광고·마케팅과 미디어의 선정적인 보도 등으로 사기성 보험청구는 더욱 많아진다.

---

2) 스코틀랜드와 아일랜드는 잉글랜드, 웨일스와 구분되는 독립성이 강한 사법문화를 가지고 있다.

4) 분쟁해결절차 및 비용부담(Legal Cost)

모든 소송사건은 민사절차법(Civil Procedure Rules)에 따라 청문(hearing) 전에 가액과 복잡도에 따라 의무적으로 해당절차(Three Track)에 할당된다.

① 소액청구절차(Small Claims Track: SCT)는 10,000파운드 이하(PI claim은 5,000파운드 이하)의[3] 소액사건에 대한 신속한 해결을 목적으로 한다. 간이절차를 적용하여, 법원은 우선 전화 등 간이수단으로 중재하고,[4] 중재 미성립시에 청문절차를 진행한다. 소액청구절차(SCT)의 진행시 법률전문가의 조력을 받거나 증인을 활용할 수는 있으나,[5] 승소시에 보상을 제한하여 법률대리인 사용의 필요성을 줄여서 클레임 제기의 감소를 유도한다.

② 신속처리절차(Fast Track)는 10,000~25,000파운드 이하를 대상으로, 패소측에서 소송비용을 부담하나, 예상비용을 법원에 사전에 제출하게 하여, 승소시에 비용청구를 일정 범위 내로 제한한다. 고정수가제도(fixed recoverable cost: FRC)를 적용하고, 법정변호사의 비용과 수임료를 제한하여, 상대방으로부터 회수할 수 있는 비용과 클레임의 가치를 고려하여 소송을 제기하도

---

3) '15년 PI claim의 경우, SCT 대상으로 1,000 → 5,000파운드로 적용대상을 확대하여 신속처리를 도모하고, 클레임의 감소를 유도하였다.

4) 청문은 판사 중심으로 대화와 중재, 합의를 위한 간이청문을 의미한다.

5) SCT는 증인선서 불필요 등 일반적인 사법절차나 엄격한 증거법칙이 적용되지 않고, 변호사 없이 소송이 가능하다.

록 유도한다.

③ 복합처리절차(Multi-Track)는 소액청구절차(SCT), 신속처리절차(Fast Track)에 해당하지 않는 25,000파운드 이상의 사건을 대상으로, 패소측에서 소송비용을 부담한다.

5) 국제 비교

사기성 신체상해(PI claim)를 획기적으로 줄인 프랑스와 스웨덴은 클레임 청구기간의 단축, 손상기준표(table of predictable damage)의 활용, 변호사 개입의 최소화, 의학적 검사기간의 제한 등을 시행한다. 프랑스는 경미한 목꺾임(whiplash) 손상에 대하여 MRI나 X-ray 등 객관적 증거를 요구하고, 스웨덴은 경미한 상해사건에 대하여 일반적인 경우에 72시간 이내에 나타나는 증상에 한하여 보상을 함으로써, 보험사는 72시간 이후에 나타나는 증상에 대하여는 특별한 사유가 없는 경우에 지급을 거절하여 청구건수를 대폭 줄였다('02년 whiplash commission). '14년 PI claim 중 whiplash의 비중은 영국은 75%, 프랑스는 3%로 자동차 보험료는 프랑스, 스웨덴이 영국보다 각각 40%, 46%가 저렴한 것으로 평가하였다.

6) 클레임의 관리 분야

청구대행회사(CMC)는 피해자의 권리행사에 도움이 되는 면이 있으나, CMC의 밀집도가 높은 지역에서 신체상해(PI)의 청구건수가 많아지는 상관관계가 확인되었고,[6] 범죄조직이 설립하여 보험사기에 이용되는 경우도 있다. 본인의 동의없는 클레임 제기 및 종용, 고객 관련 정보의 불법취득, 불법 수수료의 수수, 전화·메일·문자 등 불법광고, 업무정지시 다른 이름으로 영업재개 등 각종 불법행위가 적발되었다.

7) 스팸전화(Nuisance Call)의 규제

스팸전화(nuisance call)는 해외에 거점을 두고 불법으로 수집한 데이터를 이용하여 평범한 고객을 보험사기로 유도한다. 정보관리관실(ICO),[7] 통신관리청(Ofcom), 사기신고센터(Action Fraud) 등 관련기관의 규제와 공동대응이 필요하다.

---

6) Institute and Faculty of Actuaries(IFoA) Third Party Data Working Party 2015.11 report.

7) 정보관리관실(Information Commissioner's Office)은 정보보호 및 관리 주무기관으로, 개인정보의 보호 및 공공기관 보유정보의 공개 촉진 등의 역할을 한다.

8) 전문조력자 집단(Professional Enabler)의 불법행위

의료관계자가 신체상해(PI)를 과장하여 과다청구에 개입하거나 전화 등 비대면 의료검사를 시행, 변호사가 본인 모르게 또는 본인의 명확한 지시가 없는 클레임의 제기, 범죄집단(criminal gang)이 소규모 법률회사(law firm) 또는 청구대행회사(CMC)를 설립하여 운영, 자동차 렌트업자의 허위 렌터카 제공, 자동차 수리업자의 수리비 과다·허위 청구, 수의사가 존재하지 않은 애완견의 치료를 사유로 보험금 청구 등 전문가에 의한 불법행위가 있다.

9) 클레임의 지연 신청

청구대행회사(CMC) 등의 개입이나 부추김으로, 교통사고로 인한 경미한 신체상해(RTA PI Claim)를 1년 경과 후 신청하는 사례가 많다. 통상 3년인 클레임의 제기기한에 임박하여 보상을 신청하는 경우에, 보상근거가 미약하고 과장, 사기성 청구가 많다.

10) 데이터의 관리와 공유

엄격한 정보보호 관련 규정과 보험사와 정부기관 간, 보험회사 상호간에 데이터의 공유를 꺼리는 경향이 있으나, 장기적 관점에서 DB에 대한 투자를 확대하고 보험업계·법집행기관 등 타기관과의 데이터 공유를 강화하여 견적, 분석, 적발, 수사 등 전과정에 활용하여야 한다. 영국 보험자협회(ABI)에서 정한 보험사기에 대한 정의에도 불구하고, 각종 DB에서 사용하는 보험사기의 정의에 차이가 있고, 보험사간 기밀성으로 데이터의 표준화가 어렵다. 부정확하고 오래된 데이터는 오류로 보험소비자를 보험사기자로 의심하여 명예를 손상하고, 높은 보험료 부담 등의 불이익을 초래하므로, 보험금 지급심사 DB(CUE), My License 등은 보유 데이터의 투명성, 정확도, 신뢰성 향상을 위하여 본인의 접근을 허용하여 확인절차를 마련함으로써 데이터 질과 정확성을 향상하여야 한다. 온라인 종합 가격비교사이트(aggregator)는 보험가입시 익명으로 제공된 정보에 대하여 즉시 확인이 곤란한 경우 보험사기에 쉽게 노출되므로, 보험의 가입단계부터 활용할 수 있는 데이터의 공유가 필요하다. 청구대행회사(CMC), 중개업자, 클레임파머(claim's farmer)[8] 등이 보험회사의 사고와 관련된 데이터와 개인정보를 절취하거나 불법처리하는 사례가 있으므로 관리를 강화하여야 한다.

---

8) 정보를 절취하여 청구대행회사(CMC)에 판매하고, 정부기관 및 보험사를 사칭하여 클레임 청구를 유도하고 종용한다.

11) 보험가입자의 태도와 인식

보험사업자 및 보험업에 대한 불신과 이해의 부족으로 신뢰도가 낮으면, 보험사기(특히, 연성사기)를 유발하는 요인이 된다. 주요 불신요인은 자동 갱신시 보험료가 상승하는 경향, 이중가격으로 신규가입자에게만 유리한 가격 제시, 부가계약으로 높은 보험료를 부담한다는 인식, 소액분쟁의 해결에 장시간 소요, 보험료 상승을 우려하여 보험금의 미청구, 보험사와 유리한 협상을 위해 피해과장이 필요하다는 인식, 경미손상시 의학적 증거없이 합의로 종결하는 선지급제도(pre-medical offer)로 "쉬운 돈" 인식, 보험사가 보험계약자를 직접 접촉하여 낮은 금액을 제시하여 해결하는 관행 등이다.

2. 방지활동의 평가

1) 보험업계의 대응 평가

보험사기방지국(IFB)을 설립하여 데이터의 체계적인 수집·관리, 공유로 분석기반을 마련하여, 보험사기에 대한 탐지 및 적발을 강화하고 신고채널(chatline)을 운영하였다. 보험업계가 재정을 지원(funding)하여 런던 시티경찰(COLP)에 보험사기에 대한 중추 수사기관인 보험사기 특별조사부(IFED)를 설립하고, 보험사기자등록데이터(IFR), 보험금 지급심사 DB(CUE), askCUE PI, 전손·도난차량 등록데이터(MIAFTR), 자동차보험 데이터베이스(MID), My Licence 등의 민간부문과 국가 사기 대응정보국(NFIB) 등 공공부문과의 정보교류와 협업을 강화하였다. 쉬운 약관 캠페인(made simple) 등 보험상품에 대한 이해향상과 교육·홍보를 통한 행태변화를 유도하여 보험사기가 감소하는 효과와[9] 동시에 홍보를 중단하면 다시 증가하는 경향을 확인하였으므로, 지속적인 노력이 필요하다. 그 밖에도 보험회사 이사회의 보험사기에 대한 관심도의 제고, 보험가입·갱신시에 사기요인의 확인, 적발 모범사례(best practice)의 공유 등 전략적인 관점에서 보험사기 방지를 위하여 다양한 접근을 시도하였다.

2) 민사 사법제도의 개혁(Civil Justice Reform)

영국은 도로교통사고(RTA)의 감소에도 불구하고, 경미부상(minor soft tissue injury)과 관련된 보험금의 청구와 소송비용이 급격히 증가하였다. 이를 개선하기 위하여 신체상해(PI claim)를 다루는 청구대행회사(CMCs)와 법률회사(law firm)의 수수료 상한의 설정, 승소시 피고인 보험사에 과도한 수수료 청구를 금지하

---

9) 아일랜드 보험자협회는 라디오, 포스터, 광고 등 홍보로 대중의 경각심을 높여 보험사기를 줄인 결과, '03~'06년간 자동차 보험료를 45% 인하하였다.

는 내용으로 CFA 제도의 개선, CFA 제도는 패소자의 부담이 너무 크고 고객의 입장도 비용이 너무 많이 들면 승소하더라도 실익이 없으므로 민사소송에서 손해기준 수임료 산정제도(Damaged-base Agreement: DBA)를 도입하여 고객과 사전에 합의하여 승소시에도 수수료를 법원이 인정한 회복금액의 일정범위 내로 제한(예컨대, 25%), 표준법률비용을 초과하여 청구하는 것을 금지, 산정시 미래 상실액(future losses)을 제외하여 비용 부풀리기를 방지하였다. 고객의 선택권을 보장하고 이해충돌을 사전에 방지하기 위하여 행정비, 관리비, 소개비 등 각종 명목의 관행적인 수수료(referral fee)의 수수 금지, 패소시 법률비용을 담보하는 보험(ATE(after the event) Insurance)의 개혁, 신체상해 클레임(PI claim)에서 일방적인 비용전가의 제한(QOCS제도)과 비용전액에 대한 패소자 부담의 금지,[10] 변호사(solicitor) 비용에 대한 인정범위의 축소, 사기성 신체상해(PI) 소송에 대하여 법원의 기각(strike out) 조항의 마련, 법률회사의 신체상해(PI)고객 유인행위의 금지 등 종합적인 관점에서 비용을 줄이는 데 중점을 두고 청구남발을 유발하는 환경과 제도 개선을 추진하였다.

---

10) 일방적인 비용전가를 제한(Qualified One-way Costs Shifting: QOCS)하고, 패소시 피고(defendant)가 비용의 전액을 부담하는 것을 금지하였다.

3) 경미 교통사고의 개혁(Whiplash Reform)

청구대행회사(CMC), 변호사(solicitor)가 고용한 의사에 의한 진단, 전화에 의한 비대면 진단 등 법률회사와 의료전문가가 유착하여, 의료진단서의 객관성이 부족하고 사후 검증수단이 제한되어, 교통사고(RTA)로 인한 목꺾임 사고(whiplash)를 시효가 임박하여 청구하는 사례가 많았다. '16년부터, 메드코(MedCo) 제도를 도입하여, 교통사고처리(RTA) 절차(protocol)에 따라, 자동차 사고로 인한 신체의 손상으로 보험금을 청구(PI claim)하는 경우에[11] 비영리 민간기구인 메드코에 사전 등록된 의료전문가가[12] 작성한 진단서(medical report)를 MedCo 포털(Portal)을 통한 제출을 의무화하고, 위임처리를 위해서 의료보고서를 받고자 하는 청구대리인(변호사, 청구대행회사), 보험자, 보험회사측 사정인(compensator, AUT)도 MedCo Portal에 사전 등록하여 인가를 받도록 하였다. 소비자의 선택권을 유지하면서도 독립적인 의료전문가에 의한 객관적 증거를 제출하게 함으로써, 투명성과 공정성을 제고하여 사기성청구와 과잉청구를 방지하였다.

---

11) 자동차 교통사고로 인한 경추손상(whiplash) 등에 적용하고, 보행자, 오토바이, 자전거에 의한 사고는 적용을 제외한다.

12) MedCo 포털에 의료전문기관(MRO: Medical Reporting Organizations), 의료전문가(ME: Medical Experts), 인가된 사용자(Authorized User)로 등록한다.

4) 규제의 기본 틀 정비(Regulatory Framework)

전문조력자(professional enabler)로 활동하는 변호사(solicitor), 청구대행회사(CMC), 스팸성 판촉전화(nuisance call)에 대하여 관리와 규제가 필요하다. 변호사협회(SRA: Solicitor Regulation Authority)는 잉글랜드와 웨일스 지역 변호사의 자격관리, 교육·훈련, 조사, 징계[13] 등의 업무를 수행한다. 보험사기와 관련하여 소속변호사의 소개료(referral fee) 수수의 금지, 본인의 지시 없는 청구대행 행위 및 신체상해 클레임(PI claim)의 경우에 변호사(solicitor)가 고객의 신분 또는 자금세탁에 관한 확인의무가 없는 점을 악용하는 행위에 대한 규제, 사기에 노출된 법률회사(law firms)와 자료공유의 통제 등의 역할을 한다. 금융영업행위감독청(FCA)은 청구대행회사(CMC)가 클레임 제기를 유도하기 위하여 잠재적인 고객에게 금전 또는 보상금을 지급하는 행위와[14] 청구대행회사(CMC), 변호사, 보험사업자가 소개료를 받거나 지급하는 행위에 대하여 규제한다.[15]

정보관리관실(ICO)은 개인정보의 수집과 공개와 관련된 법규

---

13) 변호사 징계위원회(SDT)에서 자격정지, 자격취소, 2,000파운드 이상의 벌금 등 중징계는 형사처벌을 선결요건으로 하므로, 징계의 실효성이 미흡하다는 평가이다.

14) 청구대행회사(CMC), 법률회사 등이 신체상해클레임(PI claims)을 유도하기 위해서, 사고피해자에게 iPad, 바우처, 현금 및 경품 등을 지급한다.

15) '19년 청구대행회사(CMCs)의 규제·관리는 법무성의 CMR Unit → 금융영업행위 감독청(FCA)으로 변경되었다.

위반 및 미동의 판촉 전화를, 통신관리청(Ofcom)은 통신규제를, 전화 기본설정 서비스(TPS)는 특정회사를 수신금지목록에 등록하여 판촉 전화로부터 소비자를 보호하는 담당기관으로 보험사기로 악용되는 수단에 대하여 규제한다.

5) 행동경제학(Behavioural Economics) 연구

보험사기는 개인의 심리적·행태적인 요소가 영향을 미치므로 행동경제학의 관점은 계획적인 경성사기보다는 연성사기를 줄이는 데 효과가 있다고 평가한다. 연구결과, 사회 전체에 대한 신뢰 부족이 일반화된 상태에서는 보험사기를 범하더라도 잡힐 가능성이 작은데도 정직하게 사는 것은 어리석은 것으로 인식되거나, 보험사기를 피해자 없는(victimless) 범죄로 스스로 합리화하여 사기적인 행동을 일반화하는 경향이 있다. 보험사 등에 대한 부정적·선정적 언론보도는 개인의 행태에 영향을 미쳐 보험사기가 더욱 빈발하고 악순환되는 경향이 있다. 행동경제학은 "명성손상 우려, 피해자가 없는 범죄가 아님"을 인식시키는 것이 보험사기를 막는 데 효과적으로 평가한다.[16] 계약이 공정하다고 인식할 때 허위청구는 현저히 감소하고, 유용한 정보를 적시에 받거나 정보가 고객 맞춤형으로 읽기 쉬울 때, 웹사이트(website)

16) 보험사기자에 대한 연구(Martin Gill and Amy Randall, Insurance Fraudsters: A study for the ABI, 2015).

및 문서의 내용, 배열(layout)의 형식 등은 특정고객의 행동에 영향을 미친다고 본다.

3. TF 권고안

① 보험상품에 대한 일반소비자의 이해 향상을 위한 노력을 강화하여야 한다.

② 전략적인 차원에서 보험사기가 정직한 보험계약자에 미치는 영향과 보험사기 신고센터(IFB cheating line)를 집중 홍보하고, 행동경제학의 연구내용을 보험사기방지 가이드라인(best practice guideline)에 반영한다.

③ 활용가능한 데이터의 양적 · 질적 향상과 공유 확대를 위하여 보험자협회(ABI)의 '보험사기의 정의'에 따라 통계를 작성하도록 회원사를 독려하고, My License, CUE 등 데이터 보유기관 간 협력강화와 데이터의 정확도를 향상하여야 한다. TF Working Group은 견적단계에서 CUE 자동심사의 가장 큰 장애요인으로 부정확한 청구기록을 지목하고, 본인의 확인을 통한 정정 기회의 제공을 권고하였다.

④ 정보관리관실(ICO)은 EU 규정(EU regulations)을 반영하여, 데이터의 공유에 대한 명확한 가이드라인을 보험업계에 제시하여야 한다.

⑤ ABI는 우수보험사의 점검표(checklist)에 의한 보험사기 점검사례와 보험사기방지 모범사례를 전체 회원사와 공유한다.

⑥ 보험회사 이사회(BOD)의 보험사기 방지활동에 관한 관심을 촉구하여야 한다.

⑦ ABI는 활용가능한 재원을 고려하여 보험사기 방지를 업무의 우선순위로 고려한다.

⑧ ABI는 경미 교통사고(whiplash claims 등)의 경우, 사기의 가능성이 있거나 의학적인 근거가 부족하더라도 사안에 따라 지급하고 종결하는 선지급제도(pre-medical offer)는[17] 보험사기를 유발하므로, 보험자는 부적정한 선지급제도를 줄이는 노력이 필요하다.

⑨ 장기적인 관점에서 사기청구의 혐의자에 대하여 소송비용을 감수하더라도 법원을 통한 대응절차를 확립하여야 한다.

⑩ 정부는 사기성 늑장 청구건에 대하여 법원을 통하거나 비용과 증거(cost and evidence rule)에 입각한 대응방안을 평가하고 다음과 같은 대안을 검토할 필요가 있다.

가. 6개월 이상의 지체청구건은 소액청구사건(small claims track: SCT)으로 처리

17) 경미한 신체상해(minor PI)에 대하여 의료전문가의 판단 전에 보험회사와 협상으로 보상하는 제도로, 낮은 비용으로 신속한 해결을 위하여 영국 보험자협회(ABI)의 규정(Code of Conduct)에서 허용한다.

나. 경미한 신체상해(minor PI)에 대하여 사고일 6개월 이후에 청구하는 경우에 50%를 감액하여 지급
다. 경미손상에 예측가능한 손상표(predictable damage)의 도입
라. 반박증거 추정제도(rebuttable evidential presumption)의 도입[18]

⑪ 경미 교통사고(whiplash claim)의 개혁에 따른 풍선효과로 타분야로 전이가 우려되므로, 신종사기에 대한 경각심을 가지고 ABI를 통하여 정부와 협력을 강화하여야 한다.

⑫ 보험업계의 IFED, IFB, IFR에 투자와 지원을 지지하고, 데이터의 중추적인 관리기관인 IFB가 협업의 중심역할을 할 수 있도록 적극적인 지원이 필요하다.

⑬ 보험금청구 포털(Claims Portal data)은 청구인(claimant), 부상정도, 자동차의 파손, 재활, 사고개요 등 광범위한 정보를 보유하고 있으나, 현재까지 보험사기방지국(IFB)의 접근권한이 없으므로 접근허용이 필요하다.

⑭ 법률회사가 갱에 의하여 설립되거나 변호사(solicitor)가 사기행위에 개입하는 경우가 있으므로, 정부는 변호사협회(SRA)가 보험사기 또는 부패에 대응할 수 있도록 권한강화를 고려하여야 한다.

18) 사고 후 일정기간을 경과하여 클레임을 제기하는 경우, 입증가능한 별도의 증거를 제출하지 않으면 부상자가 없는 것으로 간주하는 제도.

⑮ 변호사협회(SRA)는 보험사기 방지를 위해 소속회원에 대한 엄격한 관리가 필요하다. 비리자의 명단발표(naming and shaming), 보험회사와 협회 간 문제성 법률회사(law firm)에 대한 정보의 공유, FCA와 공동으로 불법수수료의 수수행위에 대한 단속강화가 필요하다.

⑯ 보험회사는 원고측 법률회사(claimant law firm)의 보험사기행위에 대한 증거를 변호사협회(SRA)에 제공하여 조사한다. IFB는 보험회사와 변호사협회(SRA) 간에 연결통로의 역할을 하고, 보험사업자는 청구대행자(claimant representative)가 불법으로 소개료를 수수한 의심이 있는 경우에 관련 정보를 SRA, FCA와 공유한다.

⑰ 소액청구건(PI claim)의 변호사는 소개원(referral sources)에 비공개 대상이나 보험금 지급청구서(CNF)의 양식에 포함하여 청구포털(Claim Portal)에 공개하면 변호사협회(SRA) 또는 보험사업자가 부정직한 변호사를 파악하고 보험사기를 판단하는데 도움이 된다. 정부는 경미사고로 인한 신체상해(whiplash)의 개혁을 위해, 보험금 지급청구통지서(CNF: claims notification form)에 소개원(referral sources)을 기재하고, CNF를 제출하는 경우에 한하여 보상절차의 진행을 고려한다.

⑱ 법률대리인(회사)이 본인의 지시없이 행동하는 것으로 의심되는 경우, ABI는 IFB와 협의하여 보험사가 직접 본인과 접촉하여 확인할 수 있도록 가이드라인을 제시한다.

⑲ 피고 대리인(defendant representative)은 대리권을 법률회사(law firm)에 정당하게 수여했는지를 표준문안(a standard letter)으로, 직접 본인으로부터 확인할 필요가 있다.

⑳ 정부는 청구대행회사(CMCs)가 적절하게 운영될 수 있도록 불법수수료의 수수, 영업정지시 유령회사(phoenix)로 영업하는 행위, 규제영역 밖의 활동, 데이터보호법 위반사례를 단속한다.[19)]

㉑ 정부는 신체상해(PI claims) 등의 경우에 사기성(주로, 연성사기) 청구를 부추기는 스팸전화(nuisance call, claims farming)에 대한 규제방안을 CMR, IFB, ICO, ABI, 통신관리청(Ofcom), SRA와 협력하여 마련한다.[20)]

㉒ 정보관리관실(ICO)은 관계기관과 협력하여 판촉전화(nuisance call)를 차단하고, 소비자에 대하여 개인정보의 이용과 관련된 홍보를 강화한다.

㉓ 소음으로 인한 청력상실(NIHL: noise-induced hearing loss)에 대한 고정수가제도(a fixed recoverable cost)의 도입을 고려한다. 해당 청구건은 85%가 지급거절되어 과장 및 사기성 청구가 많다는 방증이나, 해당 사안은 법무부(MOJ)의 요청으로 Civil

19) TF는 청구대행회사(CMC)와 변호사의 연결성, 변호사협회(SRA)의 의지 부족으로 단속의 실효성이 미흡한 것으로 평가하였다.

20) 동의에 의한 개인정보의 취득시에 ICO 지침(direct marketing guidance)은 6개월 내에 활용을 규정한다. 지침(guidance)에 법적 근거(statutory footing)를 부여하여 활용기간을 명확히 할 필요가 있다.

Justice Council(CJC)에서 검토 중이므로 해당 TF에서는 同사안에 대한 판단을 유보한다.

㉔ 보험상품 종합 비교사이트 운영자(aggregator)는 보험견적서의 제출단계부터 보험사기에 대응할 수 있도록, 관련 데이터에 상시 접근허용을 고려한다.

㉕ 정부는 TF 권고안의 이행을 지속적으로 점검하고, 추진상황은 매년 1회, 3년 기한으로 보고한다.

제4절 미국·영국의 시사점

1. 개 요

미국은 보험사기와 관련된 입법과 제도 전반에 보험업계의 입장이 어느 정도 반영되어 있고, 정보의 수집 및 가공·판매업 또는 탐정업을 허용하여 민간에 의한 보험사기의 조사는 비교적 양호한 환경이다. 보험사기의 대응은 州보험감독기관을 중심으로 州경·검찰(DA), FBI 등 정부기관이 주도하면서도, 보험사를 보험사기 방지의 주요 주체로 인정하여 상응하는 권한과 책무를 부여하고, 보험사는 SIU(special investigation unit)를 두어 관련 업무를 총괄한다. 보험사기에 대한 대응은 적발시스템의 고도화, 데이터 관리, 분석·조사, 수사 및 처벌, 교육·홍보 등 다양한 분야에서 다른 기관과 협업이 필요하므로, 기관 상호간에 수평적인 입장에서 원활하게 정보공유와 협업을 이끌어 낼 수 있는 환경조성을 위하여 노력하고 있다. 반면, 보험사의 권한남용과 소비자와 이해상충의 우려가 있으므로, 州보험감독청, 정보보호기관 등은 관리감독과 규제강화를 병행하고 있다.

영국은 2000년 이후, 자치경찰의 확대와 경찰예산 축소로 보험사기에 대한 대응능력이 약화되어 심각한 보험사기를 경험하였다. 이를 해결하기 위하여 영국 보험자협회(ABI)와 로이드협회(Lloyds)는 예산을 지원(funding)하여, 런던 시티경찰청(City of London Police)에 보험사기에 대한 중추 수사기관인 보험사기 특별조사부(IFED)를 설치하고, 다양한 이해당사자를 포함한 범정부적인 TF를 구성하여 보험사기를 유발하는 직·간접적인 요인, 환경적 요인 등에 대하여 개선을 추진하였다. 영국은 변화하는 치안환경에 적응하기 위하여 그간 전적으로 공적인 영역이라고 생각되었던 치안유지활동(policing)에서도 민간부문과 권한의 재설정, 역할을 분담하여 공적 영역을 보완하는 차원에서 탐정의 활동영역을 확대하였다. 아울러, 보험사기의 예방에 교육·홍보 등 비권력적 수단과 행동경제학의 연구결과를 보험사기의 예방에 활용하고, 데이터의 관리와 공유, 이용 활성화를 위하여 예산지원과 제공플랫폼을 개선하였다. 최근, 우리나라도 국가수사본부의 출범 및 자치경찰의 확대에 따라 수사환경이 변하고, 향후 검경수사권의 추가조정, 자치경찰에 대한 지자체의 직접운용권의 요구 등 보험사기에 영향을 미칠 수 있는 다양한 요인이 있으므로, 미국과 영국의 사례를 참고할 필요가 있다.

2. 시사점

1) 체계적인 현황진단

보험사기는 보험상품의 생산 및 판매, 갱신, 사후관리, 조사 및 수사 등 적발 시스템, 보험회사·수사기관·보험감독청 등 대응기구, 법·제도 환경,[1] 의료정책, 데이터의 수집·공유, 보험사기에 대한 일반대중의 인식, 수사기관의 관심도 등 다양한 행태적·환경적 요소들이 관련되어 있다. 영국은 '15년 범정부적인 TF를 설치하여, 체계적인 현황진단과 다양한 이해당사자의 의견을 수렴하여 권고안을 제시하고, 이행사항을 주기적으로 점검하였다.

2) 다양한 대응수단의 활용

경기침체로 인한 실업증가는 보험사기의 동기(motive)가 된다. 보험사기의 압력(pressure)을 받는 실업자, 파산자, 신용불량자, 사기자 등 경제약자에 대한 관리와 합리화(rationalization) 경향으로 기회(opportunity)가 주어진다면 보험사기로 나아가는 행태에 대한 대책이 필요하다. 평범한 일반인은 보험사기의 시작점인 연성사기의 유혹에 빠지지 않도록 예방하고, 고의 보험

---

1) 보험사기행위에 대한 민법, 상법, 보험업법, 자동차 손해보장법, 형법, 보험사기방지 특별법, 특정경제범죄법, 자동차관리법 등의 규제 정도.

사기자는 적발과 처벌 등 강제적 수단에 방점을 두어, 대상에 따라 투트랙(two track)으로 접근이 필요하다. 보험업에 대한 불신은 보험사기(특히, 연성사기)를 촉발하는 요인이므로, 불신 해소와 행태변화를 유도하기 위하여 교육·홍보, 광고, 시민운동에 참여, 행동경제학의 활용 등 다양한 대응수단의 활용이 필요하다.

3) SIU 설치 의무화 및 CEO 관심도 향상

미국 SIU는 보험감독청의 규정에 따라, 독립된 조직과 예산으로, 일정규모 이상의 인적·물적 조직을 갖추고 보험사기와 관련된 총괄적인 역할을 하는 점에서, 역할이 단편적이고 부서 일부로 운영되는 우리의 SIU와는 차이가 있다. 보험회사는 속성상 보험상품의 판매에 중점을 두어 보험사기의 위험성을 과소평가하는 경향이 있으므로, 감독기관은 보험사가 보험사기 방지의 주체로서의 일차적인 대응과 책임을 다할 수 있도록 SIU 설치를 법제화하여 총괄조직을 갖추게 하고, SIU의 운용지침을 구체적으로 제시하여야 한다. 모든 보험사를 대상으로 보험사기 방지계획을 정기적으로 제출받아 평가하고, 최고경영자(CEO)의 관심을 유도하기 위하여 CEO가 보험사기를 이사회의 주요 의제에 상정했는지 여부를 보험사의 평가내용에 포함한 미국 사례를 참고할 필요가 있다.[2)]

---

2) 일부 州는, 보험사를 평가하는 프로그램에 CEO의 관심도를 포함한다.

4) 조사활동의 근거 및 절차의 정비

보험사기 조사는 업무 성격상 소비자 권익을 제한할 수 있어 명확한 법적 근거와 객관적인 절차에 따라 실시하는 것이 바람직하나, 보험사기방지 특별법(시행령)은 보험사기의 정의, 처벌 조항 등 개략적인 내용만을 규정하고 있어, SIU(보험회사) 조직·업무 및 조사절차 대부분이 보험회사 자체 내규로 규율할 뿐이다. 미국·영국은 보험감독기관이 보험사기 방지활동을 법과 지침에 근거를 두고 구체적으로 규정하고 세부내용에 대하여 가이드라인을 제시한다. 우리의 감독기관도 보험사기 방지전략의 수립·시행, 기존 보상조직과 구분된 독립적인 보험사기 조사전담조직(SIU)의 설치 및 독립예산에 의한 운영, 보험사기자 및 보험업 종사자(임직원·설계사)의 관리 등을 위하여 명확한 근거를 마련하고 지침을 구체적으로 제시할 필요가 있다. 보험사기 확정자를 금융질서 문란자로 등록하여 계약인수 또는 지급심사에 활용하고, 설계사 등의 위촉시에 보험사기의 전력 확인과 보험사기 혐의의 인지시 즉시 모집활동에서 배제할 수 있는 근거도 필요하다.

5) 탐지시스템의 구축 및 고도화

디지털 환경에서 보험사기의 조사는 활용가능한 모든 데이터를 이용한 종합적 판단과정으로, 조사기법의 고도화는 데이터의 수집, 관리, 공유 환경의 조성과 관련 정보를 효율적으로 제공할 수 있는 플랫폼이 필요하다. 우리의 데이터에 대한 시각은 관리와 통제의 관점으로 주로 정부기관 또는 준정부기관이 독점하고, 부서간 칸막이로 활용이 대폭 제한된다. 보험사기와 관련된 데이터를 집적하는 대표적인 DB는 한국신용정보원의 보험신용정보 통합조회시스템(ICIS), 금융감독원의 보험사기 인지시스템(IFAS)이 있으나, 법적근거의 미비, 엄격한 정보보호 관련 규정, 보험사와 정부기관 간 또는 보험사 상호간에 공유를 꺼리는 분위기, 집적대상기관의 제한 등으로 활용이 제한된다. 활용과 공유를 위하여 데이터의 정의 및 형식의 표준화, 데이터의 품질관리, 비정형 데이터의 관리 등 활용기반(infra)에 대한 정비와 상대적으로 활용에 방점을 두고 데이터를 광범위하게 공개하여 가공판매가 활성화된 미국의 사례를 참고할 필요가 있다. 예컨대 교통사고의 조사시에 보험금을 노린 고의사고가 의심되는 경우, 경찰이 보험가입 여부를 현장에서 즉시 조회하여 보험사기의 가능성을 초기에 판단할 수 있도록 정보의 공유와 활용에 방점을 둘 필요가 있다.

6) 인적·물적 대응요소의 조화

탐지시스템의 고도화 및 자동화에 따라 시스템을 외주 등 외부전문가와 구축자를 중심으로 운용하거나 알고리즘, 메커니즘 등 기술적인 시스템에 의존이 커지면, 시스템 자체의 한계와 과신으로 인한 리스크가 커질 수 있다. 보험사기 대응에 전문기술을 가진 인적자원이 감소하면 대응능력이 약화되므로, 인적·물적 대응요소의 조화가 필요하다.

7) 피해자 보호

보험사의 대응능력 향상의 이면에는 보험계약자와의 이해상충, 보험금 지급거절 및 지체, 무리한 수사의뢰·소송 등 보험회사의 권한남용에 의한 소비자의 피해가 우려된다. 보험금의 지급 지체·거절 사유가 없음에도 소송 등으로 부당하게 지급을 지체하거나 거절하여 보험계약자에게 손해를 입히면 손해배상책임을 강화하는 내용으로 법제화 또는 명확한 가이드라인을 제시하여야 한다.

8) 내부고발제도와 면책조항, 공익신고자보호법

보험사기는 의료인, 보험설계사, 자동차정비업자 등 관련 분야의 전문종사자(enabler)의 개입 또는 묵인 없이는 어렵다. 노골적으로 보험사기에 가담하는 사무장병원 등에서 당사자간 은밀한 거래로 이루어지므로, 증거확보와 증언을 위해서는 내부자의 적극적인 협조가 중요하다. 우리나라의 공익신고자보호법은 보험업법, 보험사기방지 특별법, 국민건강보험법 등을 공익신고의 대상법률로 규정하므로 신고주체, 신고내용 등이 공익신고의 요건에 해당하면 누구든지 신고기관에 공익신고를 할 수 있다. 5대공익(국민의 건강, 안전, 환경, 소비자의 이익 및 공정한 경쟁)을 침해하는 행위로 공익신고대상 법률(279개)의 벌칙에 해당하는 행위나, 공익신고대상 법률에 따라 인·허가 취소 등 각종 행정처분의 대상이 되는 행위에 대하여, 자연인은 누구든지 행정·감독기관, 수사기관, 권익위, 관련 공공단체, 국회의원, 공익 침해행위를 하는 사람이나 기관·단체·기업 등의 대표자 또는 사용자에게 공익신고를 할 수 있다. 공익신고의 의사로 기명의 문서로 증거자료 등을 첨부하여 신고하거나, 구두로 신고 후 신고서를 보완하는 것도 가능하다. 공익신고는 공익침해행위가 발생하였거나 발생할 우려가 있다는 사실의 신고, 진정, 제보, 고소, 고발하거나 수사단서를 제공하는 경우를 모두 포함하여 폭넓게 허용하므로, 보험사기에 대한 대응수단으로 내부고발 또는 공익신고를 적극적으로 활용하여야 한다.

9) 신고포상금제도

금감원 및 보험회사는 보험사기 신고센터의 운영과 신고포상금을 지급하고, 생·손보협회에서도 내부고발자의 적극적인 참여를 유도하기 위하여 설계사 등의 내부고발이 있는 경우 일반인에 비하여 포상금을 가산지급하여 적극적인 제보를 유도한다.[3] 現 신고포상금제도는 제보 후 적발을 전제로 상·하한선을 두고[4] 일정 범위의 한도 내에서 지급하는 구조로 적극적인 제보를 끌어내기에는 미흡하다. 미국 캘리포니아와 일리노이州는 내부고발자의 개입이나 공헌의 정도에 따라 총 환수금액의 30~50%를 차등하여 지급한다. 상한선의 범위를 획기적으로 높여, 조사·수사에 대한 협력의 정도 또는 재판과정에서 증언 등 공헌내용에 따라 인센티브를 달리하고 보상수준을 대폭 강화할 필요가 있다. 적극적인 제보를 유도하기 위해서는 결과적으로 적발을 하지 못하더라도 신고사실과 기본적인 사실이 대체로 부합하면, 소액이라도 신고포상금 또는 장려금을 지급하거나, 보험업 종사자가 직무상 취득한 사안을 신고하면 포상을 엄격히 제한하는 보험업 종사자에 대한 현재의 포상지급의 제한규정도 일부 보완·완화하여 제보 활성화를 독려할 필요가 있다.

---

3) 생·손보협회에서는 내부고발자의 적극적인 참여를 유도하기 위하여 내부고발자인 설계사 등에게 일반제보자에 대하여 최대 100%까지 가산하여 포상금을 지급한다.

4) '23.1월부터, 환수와는 상관없이 적발금액을 기준으로 기존 10억원 → 20억원으로 상향하여 지급한다.

제6장

대응정책

1. 보험범죄의 특성과 대응환경
2. 대응전략과 수단
3. 처벌강화의 전제조건
4. 보험사기방지특별법의 보완
5. 실손보험사기의 대응

1. 보험범죄의 특성과 대응환경

보험사기는 드물게 원한이나 복수 등이 개입되는 경우도 있지만, 주로 경제적인 이득을 목적으로 하는 경제범죄로, 개인에 따라 기회가 주어지더라도 어떤 상황에서도 사기를 용납하지 않는 정직한 가입자, 기회가 주어지거나 부추기면 사기행위로 나아가는 자, 상습 사기행위자 등 양태가 다양하다. 보험사기는 보험사기의 유혹이나 압력을 높이는 환경, 인간의 행태, 직접적으로 보험사기로 나아가게 하는 촉발요소, 보험상품의 속성 및 판매와 관련된 요인, 보험의 가입·갱신·지급 절차, 확산적 요소, 단속·수사, 적발 가능성, 처벌의 확실성 및 엄격성, 환수, 사후관리의 문제, 예방 및 교육·홍보 등 다양한 요소가 영향을 미친다. 코로나로 인한 경기침체와 실업증가는 상수로서 대응영역의 밖이지만, 경제적 곤궁으로 보험사기에 대한 압력(pressure)이 높아지는 환경에서, 보험사기의 유혹을 받기 쉬운 실업자, 파산자, 신용불량자, 사기전과자 등에 대해서는 어느 정도 관리의 여지가 있다. 또한, 사기에 취약한 보험상품의 구조,[1] 판매 우선의 영업전략, 허술한 보험가입 및 확인 절차, 보험금의 지급구조와 의사 등 전문가집단의 보험사기에 관여 행위에 대해서도 적극적

---

1) 약관상 보상을 입원과 연계한 보험상품은 불필요한 입원을 유발한다(예컨대, 입원치료시 연간 5천만원, 통원치료시 회당 2~30만원을 지급).

인 관리가 필요하다.

보험사기(특히 연성보험사기)에 대한 인식은 일반사기와는 구별되는 특성이 있다. 보험사기는 권리행사 또는 피해자 없는 범죄로 인식하여 죄의식이 미약하므로, 기회가 주어지면 보험사기로 나아가기 쉽다. 보험료를 부담하여 우연한 사고가 실제로 존재하거나 부상이나 상해·노화의 치료목적으로 보험사기를 범하면 정당한 권리행사와 혼동되어 피해금액과 범행의 수법면에서 그다지 불량하게 생각하지 않는다. 법원의 판결도 단기간에 수백회 이상을 통원치료한 경우에 "기망행위를 수단으로 한 권리행사가 권리행사의 수단으로서 용인할 수 없어 사기죄를 구성"한다고 판시하여, 보험사기가 정당한 권리행사와 혼동될 수 있음을 고려하고 있는 것으로 보인다. "묻지도 따지지도 않고 보험금을 지급한다" 또는 "한방에 무조건 보장한다"는 광고처럼 보험사고의 진위와 상관없이 무조건 지급할 것처럼 오인케 함으로써 보험사는 전문가로서 보험상품의 문제점이나 보험사기의 가능성을 어느 정도 인지하면서 판매한다는 인상을 주게 되어, 보험사에 대한 책임론이 제기되고, 도덕적 해이로 인한 의료쇼핑을 권리행사로 합리화하는 경향은 더욱 강해진다. 여기에, 국민의 건강권에 대한 국가의 책무를 강조하는 현대 복지국가는 병원비를 낼 능력이 없는 사람일지라도 누구든지 치료를 받을 수 있기를 원하므로, 보험사기에 대하여 사회적으로도 관대한 분위기가 형성되어, 기회(opportunity)가 주어진다면 보험사기로 나아가기 쉬운 환경이다.

보험사기에 의사 등 전문가집단이 개입하면 일반적인 사기와는 다른 특성을 갖게 된다. 재량권을 가진 의료제공자의 급부행위는 남용(abusive) 또는 낭비(wasteful)행위가 수회 반복되어 고의성이 확연히 표출되거나 명백한 허위진료는 사기행위로 볼 수 있으나, 단순한 진료내용의 과장, 형식적인 진료는 사기행위와 경계선상에 있을 뿐 전문가의 재량범위와 혼동되어 수사 및 처벌의 대상이 되기는 어렵다.[2] 심지어 의사가 노골적으로 허위수술을 공모한 경우에도 사람의 신체를 대상으로 사후에 검증할 수 있는 수단이 제한되어 사실상 입증이 어려우므로, 환자는 전문가인 의사에게 미루고, 의사는 재량을 악용하여 환자와 이익을 나누는 구조가 형성될 수 있다. 수사를 하는 입장에서 건강염려증으로 인한 과잉진료가 보험사기와 관련되는 경우에 개인의 염려 중 사기나 낭비적인 요소만 구분하여 판단할 수 없으므로 수사 등 권력적인 수단으로는 문제해결이 어렵다.[3] 수사 등

---

2) 의료행위와 관련된 낭비(wasteful)와 남용(abusive)은 재정적인 손실의 상당부분을 차지하나, 특별한 경우 외에는 처벌의 대상이 될 수 없다. 보험과 관련된 범죄 중 보험사기로 조사 및 수사의 대상이 되는 것은 주로 경성사기분야로 여기에서도 조사 및 수사대상이 되어 재판절차의 진행 후 처벌을 받는 것은 극히 일부이다.

3) 감기만 걸려도 종합병원을 수회 드나든 건강염려증 환자는 조사나 수사보다는 교육 등 행태변화의 유도가 효과적일 수 있다.

강제적인 수단으로 전체적인 사기행위나 낭비행위를 규제하여 피해액을 다소 줄일 수는 있지만, 의료정책적인 측면에서 의료에 대한 개인의 선택권이나 양질의 진료를 넓게 보장하기 위해서는 어느 정도의 과잉과 낭비는 필요악과 같은 불가피한 측면이 있다. 수사활동이 정당한 의료권, 진료권, 처방권 등 가치판단이 필요한 영역과 충돌하여 의사 등 전문가집단의 반발과 필수적인 의료서비스의 공급을 위축함으로써 정당한 진료권 또는 치료받을 수 있는 권리를 침해하여 의료의 질을 떨어뜨릴 수 있는 딜레마(dilemma) 환경에서 조사와 수사가 이루어지게 된다.

보험사기는 반복성과 상습성 같은 행위자특성이 강하다. 특히, 연성보험사기는 죄의식이 희박하고 고의가 강하게 나타나지 않아, 보험사기 방지시스템(FDS)으로 탐지와 적발이 어려워 처벌 등 강제적인 수단으로는 대응에 한계가 있다. 단속과 수사가 비교적 효과적이라고 평가되는 경성보험사기조차도 수회 이상의 보험사기행위를 했을 때 비로소 혐의를 두고 조사를 시작하므로, 전체 보험사기건 중 실제로 적발되어 처벌을 받는 것은 일부에 불과하다.

보험사기의 원인에는 보험사(피해자)와 의사, 보험업 관련종사자 등 전문직과 관련된 다양한 요인이 있다. 보험사의 경우, 일반사기와는 달리 보험사가 상품의 설계·판매, 보상, 보험인수(underwriting) 등의 분야에서 우월한 위치에 있는 전문가이고,

피해자가 고도의 전문적인 지식과 체계적인 대응시스템을 가지고 있음에도, 전문가가 일반인에게 속는다는 것은 일반적인 금융사기에서는 보기가 드문 형태이다. 상품구조, 청구 및 지급 절차 등 시스템상의 허점 또는 판매 우선의 영업전략, 신규고객 모집에 중점을 둔 설계사 등 보험사와 관련된 요인이 작지 않음에도,[4] 보험범죄는 피해자(보험사)의 간접성과 피해발생이 지연되어 나타나므로, 보험사의 소극적인 대처를 유발할 가능성이 높다. 예컨대, 매년 보험사기의 적발금액이 1조원에 이르고, 보험사기로 인한 피해의 추정금액이 6조원 내외로 매우 심각하다고 강조하고 홍보하면서, 판매 후 상당기간이 경과된 후에야 문제되는 보험사기에 대한 관심은 상대적으로 미흡해 보인다. 보험사기로 인한 손해액이 보험료에 이미 반영이 되었거나 향후 보험료를 인상하기 위한 분위기 조성용 또는 보험사기는 수사기관이 알아서 할 문제로 인식하고 있는 건 아닌지 의심이 들 정도로 대응에 투입되는 인적·물적 자원이 빈약하고, 말풍선 외에는 대응에 긴박성이 없다.

보험사를 지도·감독하는 보험감독기관의 관용적(forbearance)인 태도와[5] 감독방향은 보험사기 대응시스템 전반에 대한 부실

4) 판매채널 간의 과당경쟁, 판매실적 중심의 수당 지급구조, 보험의 가입·지급 절차상 확인 미흡 등 다양한 요인이 있다.

5) "묻지도 따지지도 않고 보험금을 지급한다"는 광고가 가능할 정도로 관용적으로 비친다.

과 방치를 유발한다. 일차적인 책임이 있는 보험사에 대하여 보험사기 방지를 위한 최소한의 인적·물적 조직을 갖추도록 법제화하여, 관심을 강제·담보하고 미흡하면 책임을 지우는 방향으로 감독체계의 정비가 필요하다. 금감원은 개별보험사의 보험사기 방지업무에 대한 운영실태를 주기적으로 점검하고, 그 결과 일부를 보험사의 평가항목(RAAS)에 반영한다. 보험사기 분야의 점검항목은 보험사기의 방지 노력, 대응조직 및 인프라 구축, 계약의 인수 및 심사와 관련된 내부통제의 적정성 여부, 조사업무의 사후관리, 환수, 보험사기의 예방을 위한 교육·홍보 등 다양한 내용을 구체적으로 평가하고 있으나, 준수해야 할 법적의무가 없고, 보험회사의 평가와 연계하여 매년 소수의 회사만 선별하여 실시하므로, 한번 점검을 받으면 한동안 무관심해지기 쉽다. 선별적인 점검방식은 대응시스템이 법제화되어 인프라가 어느 정도 갖추어져 안정화되어 있다면 유효한 점검방식이나, 인프라의 구축 자체가 미흡한 우리의 실정에서는 적용하기는 어렵다. 매년 모든 보험사를 대상으로, 의무적으로 보험사기 방지계획을 제출받고, 필요시 현장에 진출하여 선별하여 검사를 실시하는 미국의 방식을 참고하여 우선은 법제화하여 대응 인프라의 확충에 집중할 필요가 있다.

보험사기에 대한 관심도의 향상, 전문성의 향상, 관련 입법의 추진은 민간기구나 시민단체의 역할이 중요하다. 미국은 보험범죄

방지기구(NICB), 보험사기 방지연맹(CAIF), 전미SIU협회(IASIU), 보험감독자연합회(NAIC) 등 다양한 비영리 민간기구가 있고, 영국도 보험사기 대책위원회(GIFC), 사기방지패널(Fraud Advisory Panel) 등 자발적인 시민단체가 있다. 해당 단체는 법집행기관에 대한 정보제공, 수사 및 교육지원, 입법지원, 홍보, SIU · 수사관의 전문교육, 자격관리 등 광범위한 지원을 한다. 반면, 우리나라는 보험사기 방지와 관련된 시민단체, 지원단체가 전무하여 관련입법 또는 관련정책의 추진은 주로 정부 또는 손 · 생명보험협회가 주도하므로 보험업계의 시각에 편향되어 공익성 · 대표성이 미흡하고 추진동력도 약하다.

2. 대응전략과 수단

우리나라의 보험사기 대응은 사후적발에 중심을 두고 단속과 수사, 처벌 등 강제적인 수단을 주로 활용한다. 사후적발 및 처벌은 즉각적인 주의와 각성의 촉구, 신속한 효과로 보험사기를 억제하는 긍정적인 면이 있으나, 일단 보험사기가 발생하면 조사 및 처벌, 소송, 환수, 사후관리 비용이 대폭 증가하므로 많은 비용이 소요된다. 또한, 단속이나 처벌 등 강제적인 수단으로는 보험사기를 효과적으로 방지할 수 없거나 오히려 비효율적인 분야가 있고 부작용도 비교적 명확하므로, 비용절감과 형사정책적인 면에서도 다양한 수단을 활용할 필요가 있다.

보험사기에 대한 통상적인 대응은 전략적인 관점에서 연성사기와 경성사기를 구분하여 대상에 따라, 강제적인 수단과 임의적인 수단을 투트랙(two track)으로 접근한다. 통상, 고의·경성 보험사기자는 적발과 처벌 등 강제적 수단을 중심으로 특정 테마에 대한 기획단속, 집중 단속기간 및 신고기간의 운영, 강력한 처벌의지의 천명, 처벌강화, 사기자에 대한 사후관리 등이 유효하다. 보험사기범으로 미끌어지기 쉬운 경사로에 위치하여 쉽게 유혹을 받거나 기회가 주어지면 사기행위로 나아가는 평범한 일반인에 대해서는 보험사기를 부추기는 환경 개선과 보험사기의 시작점인 연성보험사기에 대한 저항력을 키울 수 있도록 교육·홍보를 통한 행태변화의 유도, 시민운동에 자발적인 참여와 감시, 올바른 판단에 대한 보상 등이 효과적이다. 선진각국은 정책적으로 일반 대중, 보험가입자 등 이해당사자를 참여시켜 상호감시와 견제를 강화하고, 보험범죄 신고센터의 활성화와 교육·홍보를 전략적인 차원에서 핵심적인 대응수단으로 널리 활용한다. 보험업에 대한 불신은 보험사기(특히, 연성사기)를 촉발하므로,[6] 불신 해소를 통한 행태변화는 연성·경성 보험사기 등 모든 종류의 보험사기의 예방에 유효하다. 영국의 TF 조사로 확인

6) 소비자의 입장에서, 보험설계사의 시책비와 수수료가 보험료의 1,600%를 받는다는 자극적인 보도를 접한다면, 보험에 대한 불신은 커진다.

된 보험업에 대한 불신의 원인은 우리나라와 거의 유사하므로, 행동경제학의 연구결과를 반영하여 보험업에 대한 불신을 완화할 필요가 있다. 보험연구원의 연구결과, 보험사가 손해사정의 당위성을 자세히 설명하면, 소비자의 수긍도가 달라지는 행태적 특성을 확인하였다. 同 연구에서는 보험사가 손해사정의 필요성에 대하여, 통계와 근거를 제시하여 지급심사를 강화한 이유, 심사의 선정기준, 불필요한 보험금의 지급 방지로 보험료의 인상 완화 등을 설명하고, 소비자에게 제공된 정보의 수준이 높을수록 소비자의 수긍도는 상승하였다.

교육·홍보와 보험범죄 신고센터의 활성화는 수사기관의 관여 없이도 보험업계가 주도적으로 역할을 할 수 있는 수단이다. 보험사기에 대한 조사 및 수사는 과거의 청구건에 집중하므로, 성과가 나오기 어려운 신종보험사기, 진행 중인 트렌드(trend)형 보험사기, 전문직과 관련된 보험사기 등 비정형적이고 불확실성이 있는 유형은 수사, 처벌 등 구체적·사안별 접근보다는 교육, 홍보를 통한 행태변화의 유도 또는 예방 중심의 일반적인 접근이 효과적이다. 미국·영국은 전략적 관점에서 보험사기가 정직한 가입자에게 미치는 영향을 집중홍보하여 일반대중의 경각심을 높임으로써 보험사기 단속에 대한 저항과 보험사기를 줄이는 효과를 확인하였다. 우리는 금감원, 보험업계가 사안에 따라 공동홍보를 실시하고 있으나, 전문조직과 인력이 없어 체계적·전략적 홍보는 어려운 실정이다. 개별적·단편적인 교육·홍보는 효과가 제한되므로 손·생보협회가 보험사를 대신하여 총괄하여 지속적인 홍보를 시행하는 방안이 필요하다.

보험사기에 대한 효과적인 대응을 위해서는 제보 및 신고, 상담, 가입, 현장출동 및 심사, SIU 등 각 부문간 업무를 유기적으로 연결하고 기능적으로 통합하여 민감성을 높여야 한다. 현재, 금감원 및 개별보험사에서 운영하는 보험범죄 신고센터를 경찰의 112신고센터와 같이 통합하여 상시 운영하고, 상담자의 전문성을 강화하여야 한다. 보험사기신고를 기회가 있을 때마다 강조하고 홍보하지만, 보험범죄 신고센터에 연결이 어렵고, 전문성이 부족하여 심층적인 상담이 제한된다면, 적극적인 제보 및 신고 또는 신고접수 후 체계적인 사후관리를 기대하기 어렵다. 보험사기의 신고는 일반범죄와 같이 긴급을 다투는 내용이 아닐 수 있으나, 신고자와 피신고자가 특수관계임에도 신고에 이르게 된 경위나 모든 범죄의 신고에는 동기 또는 중대한 결심이 필요한 점을 고려하면 추후 변심이나 왜곡이 생기지 않도록 상시 운영이 바람직하다. 미국은 美 SIU 협회(IASIU)에서 보험사기 상담사자격제도(CIFR)를 운영하여[7] 최초 상담자의 전문성과 민감성을 높이고, 영국은 신고센터 운영의 강화를 주요 개선과제로

7) 보험사기 상담사(certified insurance fraud representative)는 클레임의 접수 및 상담(claim representatives)과 관련된 전문지격이다.

선정하여 신고센터의 존재와 역할을 집중적으로 홍보하고, 보험사고의 접수·처리·조사부서를 동일한 공간에 배치함으로써, 보험금의 청구, 보험사기의 신고접수, 상담 등 초기단계의 대응을 강화한 사례를 참고할 필요가 있다.

단속과 수사는 전문수사관 및 전담조직의 확보, 전문교육과정의 마련 등 전문성의 향상과 동시에 수사를 의뢰하는 측도 분석의 질을 높여야 한다. 現 보험사기 대응조직은 금감원의 보험사기대응단, 보험사 SIU,[8] 생·손보협회의 소규모 관리부서, 특정사안에 대한 수사지원을 목적으로 일회성으로 구성되는 TF 등으로 주로 적발과 수사지원을 목적으로 관련자료를 분석하여, 혐의점 발견시에 수사를 의뢰하고 후속절차를 지원한다. 금감원의 보험사기 대응조직은 규모가 줄어드는 추세이고, 현재 보험사 SIU조직은 주로 보상부서의 일부분으로 소규모로 구성되어, 조직의 독립성, 담당직무의 범위, 관련 예산의 편성, 보험사의 관심도를 고려하면, 보험사 내에서 총괄적인 역할이나 효율적인 수사지원을 기대하기 어려운 수준으로 적발 및 지급보험금의 회수 등 단편적인 역할 수행에 그치고 있다. 보험사 SIU의 독립적인 조직구성 및 운영예산을 확보하여 보험사기의 적발 및 예방, 수사지원, 교육·홍보, 보험사 내부직원의 훈련 등 중추적인 역

8) '21년 기준, SIU는 조사 및 관리직원 포함하여 총 624명(손보 363명, 생명보험 261명)에 불과하다.

할을 할 수 있어야 한다. 지금까지 보험사기에 대한 교육은 생·손보협회의 보험범죄 아카데미 또는 수사관 워크숍이 있으나, 해당 교육은 비정기적으로 운영되는 단기의 일회성으로, 참여대상도 소수의 일부 수사관(경찰청 수사과 및 형사과, 검찰 수사관), 보험업계 종사자로 제한되고 교육내용도 보험업에 대한 이해 향상과 단순정보의 공유, 친목도모에 중점을 두고 있어 보험사기의 수사와 관련된 전문지식을 습득하기에는 미흡하다. 향후 경찰수사연수원 등 경찰교육기관과 보험연수원 등에 전문교육과정을 신설하여 교육기회를 확대하여야 한다.

영국은, 보험업계의 예산지원으로 런던 시티경찰청(COLP)에 보험사기 특별조사부(IFED)를 설치하여 민·관 협업의 중심축의 역할을 함으로써 적발역량을 강화하고, 범국민적인 경각심을 높였다. 검·경 간의 수사권조정 이후, 경찰은 주요 경제범죄와 관련된 수사조직을 대폭 늘리고 있는 상황에서, 영국의 IFED를 참고하여 서울경찰청 등에 보험사기 전담수사부서를 둔다면 전문성 향상과 협업의 증진, 정보교류의 활성화, 관심도 향상 등 보험사기에 대한 대응역량을 획기적으로 높일 수 있다.

전문직 종사자의 보험사기행위에 대해서는 전략적인 관점에서 공동정범, 간접정범, 방조범을 적용하여 일반인에 기대어 처벌하거나, 의료법 등 부수범죄를 적용하여 보험사기의 수단으로 이용되는 불법행위를 제압할 필요가 있다.[9] 부수범죄는 보험사기에 비하여 입증이 용이하고, 행정처분을 병과하는 경우가 많아 예방효과가 높다. 무면허의료행위·사무장병원 등은 의료법 위반행위에도 해당하고, 허위·과장 입원은 허위진단서의 작성 및 행사에, 진료기록부를 거짓으로 작성하면 형법 및 의료법 위반이다. 이외에도 타인의 주민등록번호로 진료를 받거나, 보험금 청구시 허위진단서를 제출하면 주민등록법 위반, 허위진단서를 받기 위하여 의사에게 재물을 공여하면 형법상 배임증재죄, 무면허 운전자가 사고 후 면허 있는 타인이 운전하였다고 주장하면서 보험금의 지급을 청구하면 실제운전자는 도로교통법 위반에 해당한다. 사업자의 자동차관리법 위반과 무등록 사업행위는 행정법규에도 저촉된다. 통상 금감원 보험사기대응단 또는 보험사의 업무범위는 보험사기에 한정되므로 보험사기의 수단으로 이용되는 위·변조, 허위문서의 작성, 의료법 위반 등의 부수범죄의 수사는 수사기관의 적극적인 인지와 수사의지가 필요한 분야이다.

의사, 정비업자, 보험모집 종사자,[10] 자동차 정비업자, 자동차 대여사업자 등의 보험사기에 대한 개입 또는 방조행위에 대하여 자격 및 등록취소, 업무정지, 사업장(공업사, 병원)에 대한 행정처분이 필요하다. 자동차 정비업자의 허위 점검·정비 견적서의

9) 부수범죄를 적용하면, 경합범 가중처벌(중한 범죄의 1.5배)이 가능하다.

10) 보험설계사, 보험대리점, 보험중개사, 보험회사 임직원 등.

작성·발급행위는 자동차관리법상 등록취소 또는 사업 정지의 대상이다. 여객자동차 운수사업자 및 운수종사자가 교통사고와 관련하여 보험사기행위를 하는 경우 여객자동차 운수사업법상 필수적 면허취소사유이고, 화물자동차 운수사업자 및 운수종사자가 화물자동차 교통사고와 관련하여 보험사기행위로 금고 이상의 형이 확정되는 경우 화물자동차 운수사업법에 따라 필수적 면허취소사유이다. 보험설계사, 보험대리점의 보험사기 관여행위(직접편취 또는 타인에게 편취하도록 하는 행위)는 보험업법상 처벌대상이나,[11] 등록취소 또는 업무정지는 청문 등 조치에 장기간이 소요되어 실효성이 미흡하다는 지적이 있다.

보험사기는 경제적인 이익을 주목적으로 하는 범죄이므로 적발시 보험금의 환수 및 몰수, 계약의 무효·취소·해지, 민법상 불법행위에 의한 손해배상의 청구 등 민사적인 대응이 필요하다. 보험설계사인 어머니와 공모하여 허위 사지마비 장해 1급 진단으로 보험금을 편취한 사건에서, 형사재판에서 보험사기 유죄의 확정판결과는 별도로, 민사소송에서 모·녀의 경제공동체를 인정하여,[12] 유자력자인 어머니의 금융재산조회, 압류 및 추심명령을 신청하여 환수한 사례가 있다.[13] 실무적으로 허위 의

---

11) 보험설계사, 보험대리점이 보험사기로 보험금을 편취하거나, 보험계약자 등 타인에게 보험금을 편취하도록 하는 행위는 보험업법에 등록취소 또는 업무정지(6개월 이내)를 규정하고 있다.

12) '22.4.30. 대법원 상고각하로 확정되었다.

무기록의 작성이 인정되더라도 작성자가 의료인이 아니라고 변명하면 입증상의 문제로 의료법 위반은 적용할 수 없는 경우도 있으나, 허위기록의 작성과 보험사의 손해 간에 인과관계가 인정된다면 병원을 상대로 손해배상청구소송은 가능하다고 본다.

보험사기의 대응에 깨어진 유리창이론(broken window theory)의 관점과 블랙박스 효과로 손목치기 등 특정유형의 보험사기가 대폭 감소한 점을 참고할 필요가 있다. 깨어진 유리창과 같이 사소한 무질서를 방치하면 결국에는 해당지역 전체로 무질서가 확산된다는 범죄심리학의 이론으로, 보험사기의 본격적인 시작점이 될 수 있는 연성사기, 자동차 또는 실손과 관련된 소액·경미사고, 기준횟수 내 청구 등의 경우에 명확한 근거를 확인하지 않고 보험금을 지급하면 보험사기 전반에 걸쳐 도덕적 해이를 야기하므로 바늘도둑이 소도둑이 되는 것을 방지하는 관점에서 위·변조 여부 및 사소한 청구의 경우에도 근거를 확실히 확인하는 과정이 중요하다. 자동차 블랙박스는 보험료 할인 등의 인센티브를 제공하여 설치가 일반화되자 손목치기 등 특정유형의 보험사기가 대폭 감소하는 등 게임 체인저(game changer)의 역할을 하였다. 이는 보험사기(특히, 연성보험사기)에 대한 선택의 갈림길에서 혐의자가 자차의 블랙박스를 삭제하더라도 상대방

13) 민사집행법 시행령 제6조(압류금지 보장성 보험금 등의 범위)에 따라 일부 보장성보험, 1천만원 이하의 사망보험금 등에 대한 압류나 추심은 제한이 있으나, 저축성보험에 대한 압류 및 추심명령은 가능하다(대판).

및 주변 차량의 블랙박스, CCTV 등 다양한 증거가 있을 수 있다는 인식을 주고 삭제시에도 포렌식으로 복원될 수 있는 가능성을 남기므로 선택의 기로에서 올바른 행동을 할 수 있도록 담보함으로써 특정유형의 보험사기가 대폭 감소하였다.

3. 처벌강화의 전제조건

보험사기의 예방에는 신속하고 예외가 없는 적발과 엄격한 처벌이 필요하다. 보험사기는 죄의식이 미약하고 보험사기에 대한 사회적인 분위기는 관대한 반면, 처벌이 경미하여 보험사기의 근절이 어렵다는 지적이 있다. 일반적으로 엄격한 처벌은 특정 부분의 범죄를 억제하는 데 효과가 있다는 연구도 있어, 보험업계는 처벌강화를 보험사기 방지의 주요 대책으로 상시 추진한다. 범죄억제이론(deterrence theory)은 체포와 처벌가능성이 증가하거나 범죄이익보다 처벌의 고통이 크면 범죄율은 줄어든다는 주장으로, 형벌의 엄격성은 살인사건의 경우에만 억제효과가 있으나, 형벌의 확실성은 모든 범죄의 발생률에 영향을 미치고, 면허취소가 음주운전을 감소시킨다는 시각도 있다. 통상 보험사기는 암수범죄의 속성과 탐지기법의 한계로 신속한 적발이 어렵고, 적발률도 낮아 처벌의 확실성(예외 없는 처벌)이 낮은 수준이다. 보험업계는 보험사기로 어렵게 적발된 경우에도 처벌이 강도가 낮아 처벌의 엄격성도 미흡하므로 재범률이 높다고 평가하면서, 이에 대한 대책으로 보험사기범 또는 관련 전문직 종사자에 대한 처벌강화와 보험사기자에 대한 보험계약의 해지, 지급보험금의 반환 등을 지속적으로 추진하고 있다.

보험사기범에 대한 처벌이 비교가능한 일반사기에 비하여 가벼운지는 검찰의 처분결과, 양형 및 처벌 규정, 실제 선고형에 대한 검토가 필요하다. 보험사기에 대하여 검찰처분은 일반사기죄에 비하여 구약식으로[14] 벌금형으로 종결되거나, 기소유예처분으로 종결되는 비중이 높다. 대검찰청의 '21년 보험사기죄 및 사기죄의 처분결과에 의하면, 구약식은 보험사기죄가 51.6%(일반사기죄는 30%)이고, 기소유예의 비중은 보험사기죄의 경우 84.4%(일반사기는 52.4%)로 높은 수준이다. 법원의 1심선고 결과도 보험사기죄는 일반사기죄에 비하여 징역형(실형)이 선고되는 비중이 낮고, 벌금형이 선고되는 비중은 높다. '21년, 보험사기죄 및 일반사기죄의 제1심의 선고결과에서 유기징역의 비중은 보험사기죄는 20.2%(일반사기죄는 59.3%)로 낮고, 벌금형 및 벌금형의 집행유예의 비중은 보험사기죄의 경우 44.3%(일반사기죄는 8.7%)로 매우 높은 수준으로, 보험사기에 대한 처벌의 강도는 대체로 낮은 수준이다.[15]

---

14) 약식절차(구약식)에 의하여 검사가 제출한 자료를 토대로 법원이 처벌하는 것으로 보통 검사가 벌금형을 구형하는 경우에 이용한다.

처벌강화와 함께 예외 없는 확실한 처벌을 위해서는 처벌대상(target)을 선정하는 데 형평성을 고려해야 한다. 의사 등 전문종사자는 넓은 재량범위와 우월한 권한을 이용하여 양태에 따라 보험사기를 적극적으로 기획하고 참여, 기회에 따라 소극적인 가담, 방관 등 직·간접적으로 관여하면서 평범한 일반인을 보험사기에 끌어들이고 이익을 취한다. 수익증대를 목적으로 비급여항목을 악용하는 병원과 의사, 병원과 고객을 연결하는 전문브로커, 광고 등 노골적인 영업행위로 보험사기로 인한 범죄수익의 상당부분이 전문분야의 종사자에게 귀속되므로 책임을 전적으로 개인에게만 돌리기는 어렵다. 통상, 재량범위가 넓어 높은 도덕성이 요구되는 전문종사자가 범죄행위에 가담하면 피해범위가 광범위하고 책임이 엄중하므로 비난가능성이 높아 가중하여 처벌한다. 현실에서는, 보험사기에 취약한 보험상품을 판매하거나 보험사기와 관련된 의료인, 사업자 등 전문직에 대한 수사에는 소극적으로 적발이 미미하고,[16] 적발이 되더라도 처벌이 관대하다는 평가이다. 수사대상은 수사성과가 쉽게 도출되는 힘없는 개인에게 집중되어 수사의 정당성과 수사결과에 대한 수용성도 낮은 편이다.

---

15) 보험연구원(KIRI)의 보험법리뷰(2023.08월, 제24호), 보험사기 처벌 현황 검토(백영화 연구위원).

16) '22년도 보험사기적발 통계상 보험설계사, 의료인, 자동차 정비업자 등 전문종사자의 비중은 4.3%(4,428명)이다.

처벌강화를 위해서는 보험사 수사의뢰의 남용, 수사의뢰를 빌미로 합의 종용 및 공갈·압박 등 보험금의 회수수단으로 악용하는 관행에 대한 개선이 필요하다. 보험회사는 보험사기의 적발이나 환수실적을 실적평가나 성과보상의 핵심요소로서 중시하므로,[17] 억울한 피해자가 발생할 수도 있다. 또한 상대방을 압박하기 위하여 부실함을 알면서도 우선 수사를 의뢰하고, 수사기관의 처분에 맡기겠다는 분위기도 있다. 수사의뢰건의 상당 부분이 무혐의로 종결되고, 수사과정상의 어려움, 낙인효과, 피해회복의 어려움 등을 고려하면 수사의뢰는 신중하여야 한다. 그간 보험사나 보험협회 차원의 자정노력은 있었으나, 개선이 더딘 상황에서 처벌만 강화하면 부작용은 더 심각해질 우려가 있다. 수사의뢰 전에 보험사 내의 심의관, 자문관 등 제3자에 의한 객관적인 판단을 받을 수 있도록 내부 통제절차를 마련하여 공정성을 높이고 수사의뢰의 남용을 억제하여야 한다.

조사나 수사는 보험사기에 대한 핵심적인 대응수단이나, 많은 비용이 소요되고 목적달성에 비효율적인 경우도 있고, 처벌을 빌미로 정당한 권리행사를 방해하여 억울한 피해자가 발생할 우려도 있다. 보험사기의 원인이 보험사 또는 전문직에 있는 경우에도 보험사는 현행법상 보험사기의 주체가 될 수가 없고, 의사

17) 보험사 SIU의 핵심역량평가(KPI)의 지표로 적발금액, 환수, 수사의뢰, 기소 등을 주로 사용한다.

등 전문직에 대한 수사가 어려운 현실을 감안한다면, 처벌강화는 수사 및 조사 대상의 선정시에 형평성, 수사의뢰의 남용에 대한 대책, 억울한 피해자의 구제, 전문직에 대한 부수범죄 적용의 강화, 행정처분절차의 확립 등 보완대책과 함께 추진되어야 한다.

4. 보험사기방지특별법의 보완

'16년 보험사기방지특별법의[18] 시행 이후, 보험사기에 대한 경각심과 관심의 향상, 조사 및 수사조직의 확대, 적발의 증가, 보험금의 부지급 비율 감소로[19] 소비자의 권익증진 등 일부 긍정적인 효과가 확인되었다. 특별법의 시행으로 보험사기의 조사, 수사, 양형 및 처벌, 통계, 대응정책의 수립 등의 분야에서 일반사기와는 구분할 수 있는 여건이 조성되어 보험사기 대응에 대한 독자성을 확보할 수 있는 토대를 마련하였으나, 특별법의 적용범위가 좁고, 처벌에서 일반사기죄와 차별성이 거의 없다는 점, 관련기관 간에 자료 및 정보 공유의 근거가 없어 협업이 제한되는 점 등은 보완이 필요하다.

---

18) 보험사기행위의 정의, 처리절차(금융위원회 보고, 수사기관 통보 등), 처벌기준, 소비자 보호조항 등 총 16개 조문으로 구성되어 있다('16.9월 시행).

19) 보험금 부지급 비율이 '16년(1.12%)에서 '20년(1.03%)도 감소하였다.

보험사기는 형법상 사기죄와 보험사기방지특별법상 보험사기죄로 처벌하는데, 특별법은 보험사기행위를 "보험사고의 발생, 원인 또는 내용에 관하여 보험자를 기망하여 보험금을 청구하는 행위"로 정의하여 보험사기를 보험사고와 보험금의 청구행위로 제한한다. 보험과 관련된 사기는 보험사고에 관한 것 외에도 예컨대, 보험사기를 목적으로 500만원에 구입한 전손차량을 5,000만원의 보험가액으로 가입하거나 낮은 보험료를 적용받기 위해 고지·통지 의무를 위반하는 경우 등과 같이 보험사고 전에 보험의 목적인 사람, 물건 등 보험의 객체와 관련된 내용 또는 보험 가입시의 정황을 속인 경우는 보험사고 이전의 행위 또는 보험사고와 관련이 없는 행위로 특별법을 적용할 수 없다. 특별법은 "보험금을 청구하는 행위"로 규정하여 적용대상을 보험금사기로 제한한다. 보험금을 목적으로 중대한 범죄를 저지르고 청구하지 못한 상태에서 적발되거나 렌터카업체가 보험료를 적게 내기 위하여 사실관계를 속이는 보험료 사기는 보험금청구 이전의 행위이므로, 형법상 일반사기죄 또는 타범죄의 성립은 별론으로 한다면 특별법의 적용대상이 아니어서, 일반인의 정서 또는 법감정상 보험사기에 해당될 것 같은 행위임에도 특별법의 적용은 배제된다. 보험료를 적게 내기 위하여 거주 중인 州의 주소지를 속인 경우가 많은 미국은 입법적으로 보험료 사기를 보험사기의 범주에 포함하여 해결하였다. 캘리포니아州는 보험사기의 정의를 "고의로 보험의 가입신청서, 보험금 청구서를 허위로 신고하여 당연히 지불해야 할 보험료를 사취하거나, 부당하게 보험금을 받은 등의 행위"로 규정한다. 특별법상 좁게 설정된 보험사기행위의 정의는 보험사기행위를 전제로 한 보험모집종사자, 전문직의 면허 및 행정처분 등 부가적인 처벌에도 영향을 미친다.

보험사기방지특별법은 사기 이득액이 5억원이나, 50억원이 넘는 경우에 일반사기죄와 가중처벌이 동일하다. 이득액이 5억원 미만일 경우에 벌금에서만 특별법상 보험사기죄는 상한액이 5천만원(일반사기죄는 2,000만원)으로 차이가 있을 뿐으로 차별성이 미미하다. 미국 뉴욕주의 처벌규정은 보험종목별로 현실에서 발생할 수 있는 편취금액을 소액부터 단계별로 세분화하여 촘촘하게 규정한다. 자동차보험, 실손보험사기 등 소액의 반복편취가 많은 점을 고려하여 현실에서 발생할 수 있는 편취 횟수나 금액을 세분화하여 억지력을 강화할 필요가 있다. 보험사기로 인한 이득액이 5,000만원을 넘는 경우에는 현행법상 벌금액 상한인 5,000만원으로는 예방효과가 미미하므로 이득액을 기준으로 일정범위(2~3배) 내에서 벌금을 부과하여, 일부 벌금을 피해금의 보전 등에 활용하는 방안을 고려할 필요가 있다.

보험사기는 보험의 가입, 보험사고의 조작, 보험금의 청구 등 여러 단계를 거치므로, 특성상 예비죄나 결합범, 미수범 형태가 많음에도, 보험금을 청구하기 전에는 일반 형법도 적용할 수 없는 사각지대가 있다. 전손처리된 외제차를 보험에 고가로 가입한 후 고의로 손괴하여 보험금을 청구하려다가 적발되면 형법상 자기 물건에 대한 손괴는 처벌조항이 없으므로, 보험금을 청구하기 전에는 처벌할 수 없다. 독일은 궁극적으로 보험사기를 목적으로 자기 물건의 손괴, 파손 등의 행위를 처벌할 수 있도록 형법상 사기와는 별도로 보험남용죄를 규정한다. 보험사기를 일반사기죄(제263조)로 처벌할 수 있으나, 보험사기가 형법상 사기죄에 해당하지 않을 경우를 대비하여 보충적으로 별도의 보험남용죄(제265조)를 규정하여, 보험금의 청구와 상관없이 보험에 든 물건을 손상, 파괴, 양도 등의 행위를 보험남용죄로 처벌한다. 동 조항은 자기 또는 제삼자에게 보험금 지급을 위해 보험에 가입된 물건을 훼손·파괴, 그 사용을 침해·제거하거나 타인에게 교부하는 행위 등 사기죄의 전 단계에 해당하는 행위를 별도로 처벌하는 규정으로, 보험금을 청구하여 지급받아 보험회사의 재산상 손해가 발생하면 일반사기죄로 처벌한다. 오스트리아도 형법상 보험남용죄를 규정하여, 재물에 대한 손괴행위와 신체에 대한 자상행위를 처벌한다.

최근 공·민영보험과 연계된 보험사기, 실손보험사기에 대한 공동대응을 위해서는 특별법에 자료공유의 확대와 협업의 근거 마련이 시급하다. 대표적인 정보집적기관인 신용정보원의 보험신용정보 통합조회시스템(ICIS)을 통하여 계약정보 및 지급정보를 활용하고 있으나, 신용정보원이 해당정보를 집적하는 주목적이 보험사기 조사를 위한 것이 아니고, 공제조합(화물, 택시, 버스 등), 렌터카업체 등은 정보집적의 대상기관에서 제외되어 있다. 금융감독원의 보험사기 인지시스템(IFAS)은 정보의 집적대상이나 기간, 집적방법은 신용정보원과는 일부 차이가 있으나, 비슷한 내용의 데이터를 집적한다. 보험사가 인지한 보험사기건이 금감원에 누락없이 보고되고 데이터의 정확성이 향상되면, 분석 외에도 진행 중인 사건 등에 대하여 정보공유의 수단으로 유용하게 활용할 수 있다. 특별법에 자료를 공유할 수 있는 근거를 마련하여, 보험사기의 조사와 관련된 기관에 공유권한을 부여하여야 한다. 자료의 공유와 협업은 보험사기의 분석, 조사 및 수사목적 이외에도 적발 이후의 행정처분, 보험사기 관련자의 사후관리, 피해자의 구제, 보험금의 환수,[20] 변사자의 처리 및 교통사고 현장에서 신속한 보험가입 내역의 확인, 보험사기에 대한 예방 및 교육·홍보 등 보험사기 대응의 전 분야에서 필요하므로, 이를 염두에 두고 근거조항을 마련할 필요가 있다.

20) 환수까지 장기간 소요되는 점을 고려하여 보험사기방지특별법에 보험사기의 유죄 확정시에 환수근거를 마련할 필요가 있다.

5. 실손보험사기의 대응

실손보험사기는 지속적으로 증가하는 추세로, 실손상품의 구조개편, 지급심사 및 비급여에 대한 관리강화, 판매한 실손상품을 4세대 실손보험으로 전환, 알선·유인 및 광고행위의 금지, 관련종사자에 대한 처벌 및 제재의 강화 등을 주요 대책으로 추진하고 있다. 보험사는 인공지능(AI)을 보험사기 예측모형에 활용하여,[21] 위험도 평가와 정밀심사에 이용하고 챗봇(chatbot), 사물인터넷(IoT), 블록체인(blockchain) 등 다양한 신기술을 적용하여 선제적인 대응을 강화하고 있다. 챗봇으로 현장의 피해사진과 비디오 촬영을 신속히 안내하여 현장증거를 확보하고 데이터를 조작할 틈을 줄여 잠재적인 보험사기의 유혹을 방지하고 업무처리의 속도를 높일 수 있다. 사물인터넷(IoT)은 자동차사고 발생시 보험계약자가 보험사에 별도의 연락을 하지 않아도 스마트 기기로 보험사에 자동 통보되어 실시간으로 사고위치, 시간 등의 데이터를 확보하여 사후조작을 방지한다. 블록체인(blockchain)의 분산원장 기술은 동일 청구건에 대하여 반복청구가 승인되는 것을 방지하고, 보안 또는 개인정보보호 등의 우려를 해결하는 데 유용하다.

---

21) 기존의 보험사기 적발시스템(FDS)에 러닝머신을 기반으로 한 예측시스템을 추가하였으나, 이용가능한 데이터에 접근이 어려워 활용은 제한된다.

금감원은 보험사기 인지시스템(IFAS)을 고도화하여 적발자 정보와 병원, 의료인 정보를 연계한 심층분석으로, 특정병원에서 특정수술로 인한 보험금 지급신청의 폭증 등 이상징후 발견시에 의심병원으로 조사하는 등 대응을 체계화하였다. 보험사가 보험사기를 적발(인지)하여 금감원에 보고하는 경우에 의료기관의 코드(병원 코드)정보를 결합하면, 보험사기자가 많이 이용한 병원을 파악할 수 있고, 질병정보(질병코드)를 분석하여 특정병원에서의 특정질병을 대상으로 한 보험사기행위를 확인할 수 있다. 건보공단은 공·민영보험 조사협의회를 구성하여, 공동 기획조사를 실시하고, 최근에는 불필요한 백내장 수술을 방지하기 위하여 백내장 수술의 필요성에 대한 기준을 마련하는 등 비급여 항목에 대한 관리를 강화하였고, 복지부도 최근 사회문제로 대두한 백내장 수술 등 특정사안에 대하여 모니터링과 건보공단과 공동으로 긴급 현지조사를 실시하였다.

최근 보험업계의 실손보험사기에 대한 대응전략에 변화가 있다. 그간은 주로 협의병원을 조사한 후 수사를 의뢰하였으나, 의사가 치료목적으로 진단한 경우에 수술의 필요성, 치료 횟수나 방법 등은 의사 고유의 판단영역이므로, 진료의사의 의료적 소견을 부정하고 보험사기를 증명하는 것은 사실상 어렵다. 의료기관에 진료내용의 확인을 위해서 필요한 환자의 개인정보 열람을 위한 동의절차도 까다로워 원활한 조사진행에 한계가 있었다. 이에 대하여 보험업계는 과장광고, 환자의 알선·유인행위, 현금 및 편의 제공, 비급여 진료비 미고지, 진료기록부 허위 작성 등 의료법 위반행위와 뇌MRI, 백내장 검사비, 무좀의 레이저 치료, 낮병동 등에 대하여 급여기준을 정한 고시를 위반하여 부당청구한 병원을 보건당국에 적극적으로 신고하여, 행정제재를 통한 우회적인 대응을 강화하였다. 예컨대, 최근 블로그, 유튜브 등을 통하여 여유증(여성형유방증) 등 특정 진단을 사유로 수술 시 보상한다는 광고행위로 모집하는 경우가 많고, 통신판매업자가 다단계판매 형식으로 보험사기에 개입하므로, 보험사기의 수단으로 이용되는 온라인상 불법 광고행위에 대한 신속한 조치가 필요하다. 그러나, 현재까지는 처분권한이 있는 행정기관의 소극적인 대응과 조치결과도 대부분 경미한 시정조치 또는 행정지도로 위법상태의 해소(광고 삭제)로 종결하는 등 실효성이 미흡하다.

심사나 지급 절차와 관련된 문제점도 개선이 필요하다. 실손의료보험은 각 회사가 자기 부담금제도를 도입하고, 표준약관이 적용되므로, 통원 및 입원 의료비의 보장내용은 비슷하나, 보험사 내부의 보상기준, 보상지침, 전문 심사인력의 구성 등은 보험사마다 다르다. 백내장 수술의 경우, 다초점과 단초점 수술의 보상 여부, 검사비의 지급 여부, 도수치료의 허용 횟수도 보험사에 따라 15~40회까지 보상(초과분은 조사 후 지급)하는 등 차이가 있다. 실손 의료보험금의 심사업무는 대부분 장기손해보험과 함께 처리하거나, 외부 자회사에 심사업무를 위탁 운영하고, 소액 청구건은 대부분의 경우 진단서 없이도 진료비 영수증만 제출하면, 별도의 심사 없이 형식적인 기본항목만 검토하고 보험금을 자동 산정하여 지급한다. 소액지급건의 확인이 허술한 점을 악용하여 경찰의 교통사고 사실확인원, 사고사실 확인원,[22] 대학병원의 진단서 등을 위조하여 팩스로 청구하면, 위·변조에 대하여 확인이 곤란하다. 대학병원의 진단서 원본은 특수용지, 해당 병원의 로고, 워터마크, 바코드 등 다양한 위조방지 장치가 있으나, 팩스와 보험금청구 앱 등 비대면으로 청구하면 원본확인이 곤란하여, 동일 수법을 수회 반복하는 경우에야 비로소 혐의를 두고 조사한다. 조사를 시작하더라도 입원의료비, 통원치료비 등의 전산입력시에 일부회사는 총액만 입력하고 세부내용(처방일자, 횟수, 일수, 단가 등)이 누락되는 등 심사 및 지급과 관련된 서류나 데이터가 체계적으로 관리되지 않아, 사후조사가 어려운 경우가 있다. 조사도 대형 생·손보사 위주로 조사를 진행하거나, 보험사의 이해관계에 따라 단독으로 수사를 의뢰하는 등 공동대응에 한계가 있다.[23]

---

22) 강력범죄 위로금(예컨대, 회당 300만원)을 받기 위해 공문서인 사건 사실확인원을 위조하여 제출한 사례가 있다.

23) 실손보험의 판매가 많은 손보사는 대응에 적극적이지만, 판매를 늦게 시작한 생보사나, 이미 판매를 중단한 소형보험사는 대응에 소극적이다.

최근 실손보험금 청구절차의 간소화를 내용으로 하는 보험업법개정안은 '23.10월 국회를 통과하여, '24.10월 시행예정(병상이 30개 미만의 소규모의 의원과 약국은 시스템의 구축에 시간이 소요되어 '25.10월 시행 예정)이다. 소비자가 요청하면 병·의원, 약국 등의 요양기관에서 보험금의 청구서류를 제3의 중계기관을 통하여 보험사에 전산으로 전송하는 내용이다. 지금까지 실손보험금의 청구는 가입자가 직접 관련서류를 병원에서 발급받아 보험사에 제출하는 방식으로 개인에 의한 위·변조에 취약하고 처치내용의 진위확인이 어려웠다. 필요서류를 전산화하여 보험계약자 또는 피보험자의 요청시 중계기관을 통하여 보험사에 전달하면 위·변조 청구의 방지, 보험사의 검증업무 감소, 인건비의 절감과 체계적인 자료관리로 사기성 청구의 예방과 사후조사를 지원할 수 있고, 그간 청구절차가 번거러워 신청하지 않았던 것을 막을 수 있는 장점이 있다. 의료계는 보험사가 중계기관을[24) 통해 의료행위와 관련된 데이터를 광범위하게 들여다 보거나 건강보험의 적용대상이 아닌 비급여 항목을 확인하여 진료비 통제에 이용할 수 있다는 우려와 반발이 있다. 영국은 교통사고(RTA)로 인한 경미상해의 진단서는 메드코(MedCO)에 등록된 의료전문가가 메드코 포털(portal)을 통하여 제출케 함으로써, 개인에 의한 위조 및 허위진단서의 제출 또는 무자격자가 끼어들기 어려

24) 중계기관으로 건강보험심사평가원, 보험개발원 등을 고려하고, 의료계는 심평원을 선호하는 분위기이다.

운 구조이다. 향후, 경찰 등 공공기관의 사고사실확인원 등도 수사기관에서 직접 또는 제3의 중계기관의 전산을 통하여 받는 방안을 검토할 필요가 있다.

실손사기는 전문브로커, 의사 등 전문직의 개입이나 관여가 많다. 전문브로커의 알선·유인, 광고행위에 대한 규제와[25] 함께 환자의 사기죄가 성립되는 경우, 이를 용이하게 한 보험업 관련 종사자, 의료인 등 전문직도 관여 정도에 따라서 공동정범, 방조범 또는 교사범, 간접정범, 제3자 사기죄를 적극적으로 적용할 필요가 있다. 전문직의 진료기록부 허위기재, 의료법 위반행위 등의 부수범죄도 적극적으로 인지하고, 면허나 행정처분 등 사후 조치가 필요하다.

실손보험에 가입한 환자를 유치하여 과다 및 허위진료로, 마치 자신도 치료한 것처럼 속여 건강보험공단에서 요양급여를 수령하고, 환자들은 보험회사에 과다 및 허위로 실손보험금을 청구하여 보험금을 받은 사안에서, 치료행위만 수행했을 뿐 보험금 청구에 직접 관여하지 않은 병원장에 대해 범행을 인식하면서도 이를 제지하지 아니하고 용인하는 것을 넘어서, 주관적 요건으로 공동 가공의 의사와 객관적 요건으로서 공동의사에 기한

25) 본인부담금의 면제, 할인이나 교통편의 제공 등 영리를 목적으로 의료기관이나 의료인에게 소개, 알선, 유인하는 행위는 불법행위에 해당한다.

기능적 행위지배를 통하여 적극적으로 범죄의 실행에 가담한 것으로 판단하여 공동정범을 적용한 사례가 있다.[26] 또한, 병원장이 물리치료사 자격이 없는 운동처방사를 고용하여 환자들을 상대로 비급여 대상인 도수치료를 받게 한 후 자격이 있는 자가 도수치료를 한 것처럼 실손보험금을 편취한 사안에서 무자격자의 의료행위(의료법 위반)가 실손보험금의 지급대상인지 여부와 보험금의 수령을 환자가 하였으므로 병원장에게 사기죄의 이익을 인정할 수 있는지가 쟁점이 된 사안에서, 무자격자의 의료행위는 실손보험금의 지급대상이 아니어서 병원장이 보험금의 지급사유가 없음에도 마치 사유가 있는 것처럼 보험회사를 기망하여 돈을 편취한 행위는 사기죄에 해당한다고 판시하여 일반병원의 병원장에게 간접정범 형태의 제3자 사기를 최초로 인정하였다.[27]

26) 창원지법 2016고단3695 판결.

27) 제3자사기는 기망행위로 스스로 재물을 취득하지 않고 제3자에게 재물을 교부받게 한 경우이다(서울서부지원 2016고단2970 판결; 2017노1091 판결).

[저자약력]

1988.4.　경찰대학 법학과 졸업(4기)
1988.4.~2015.6.　경찰청 근무
2015.7~현재　금융감독원 보험사기대응단 근무(조사전문위원)

보험사기 대응정책

발행일　2024년 2월 29일

저　자　나 성 수
발행인　이 구 만
발행처　유원북스 도서출판
04091 서울특별시 마포구 토정로 222, 416호
(신수동, 한국출판콘텐츠센터)
Tel (02)593-1800　Fax (02)6455-1809
등록 2011. 9. 6.　제25100-2012-3호
www.uwonbooks.com　uwbooks@daum.net
편　집　전 충 영
조　판　홍익m&b

ISBN 979-11-6288-197-2　93320
정　가　25,000원